Elphriede

Das Spiel der Göttin

Unser Tanz auf dem Regenbogen

Elphriede

Elphriede

Das Spiel der Göttin – unser Tanz auf dem Regenbogen

Erstveröffentlichung April 2006

ISBN: 3-00-018436-8

Copyright 2006: Brigitte Elphriede Schories (Hrsg.) Alle Rechte bei der Autorin/Herausgeberin. Kopie, Abdruck und Vervielfältigung sind ausschließlich mit schriftlicher Genehmigung der Autorin/Herausgeberin gestattet.

Für meine Enkelkinder
Marcel und Julian,
die aus dem Licht kommen.
Für Alva, den Elfenjungen,
der zum Licht der Liebe geht.
Für alle Kinder dieser Welt,
die sich überall und zu jeder Zeit
an dieses Spiel erinnern sollen!

Vorwort

Seit Beginn meines jetzigen Lebens bin ich mehr oder weniger bewusst auf der Suche nach der „Wahrheit", sicherlich auch schon lange vorher. „Wer sucht der findet" heißt es, aber was ich finde entspricht immer dem derzeitigen Stand meines Bewusstseins, das heißt „finden" ist ein Bewusstseinsprozess der in mir stattfindet. Die Gefahr in diesem Prozess liegt in der Struktur des Suchers. Der Ungeduldige möchte gern „die Wahrheit" auf einem Wochenendseminar finden, darauf folgt in der Regel die Enttäuschung, und wenn er Glück hat oder eine gewisse Hartnäckigkeit, lernt er mit der Zeit Geduld und glaubt jetzt vielleicht Geduld haben wäre die Wahrheit, als Beispiel. So habe ich viele Jahre meines Lebens zugebracht auf der Suche nach „der Wahrheit". Manche Erkenntnisse entsprachen der Wahrheit, andere stellten sich als „Sekundärwahrheit" heraus, manche schlicht als Unwahrheiten.

Gibt es nun überhaupt „die Wahrheit"? Ich denke und fühle: JA! Der einzige Hinderungsgrund die Wahrheit zu finden liegt in uns selbst. Unser EGO und seine verschiedenen Strukturen lassen uns nur ungern los, genau so wie wir andere Menschen nicht gerne loslassen aus Angst etwas zu verlieren, aus Wunsch nach Kontrolle, aus Streben nach Macht, aus Wunsch nach Sicherheit.

Einige bekannte und mehrere weniger bekannte Lehrer standen an den Kreuzungen meines Lebensweges und wiesen mir die Richtung in die ich gehen sollte, manche mit dem Hinweis auf die eigene persönliche Entscheidung, einige meinten, „die Wahrheit" zu kennen, so entstand eine Wegstrecke mit Abkürzungen und Umwegen, und nun mit fast 70 Jahren sehe ich am Horizont meines Weges ein Haus stehen und am Wegesrand steht ein Hinweisschild „Nach Hause".

Das Zuhause finden wir in uns selbst, in unserem Selbst. Die ganze Suche im Außen hat sehr viel Mühe gemacht, hat sehr viel Kraft gekostet, hat am Ende müde gemacht. Da sehe ich neben dem Hinweisschild eine weiße Frau stehen, die Göttliche Mutter, und sie sagt: Du hast genug getan, Du bist weit gegangen, jetzt brauchst Du nicht mehr, Du bist angekommen.

Ich weiß jetzt, es ist ein unmögliches Vorwort für ein Buch für das ich nur „Danke" sagen kann. Ich habe kein Wort über dieses wunderschöne Buch gesagt und doch hat alles was ich gesagt oder geschrieben habe, mit diesem Buch zu tun. „Ihr werdet die Wahrheit erkennen und die Wahrheit wird Euch frei machen". Das ist die Botschaft dieses Buches. Jeder Mensch auf der Suche nach der Wahrheit sollte dieses Buch lesen.

Achim Johannes Bitterhof

Inhalt	Seite
Vorwort von Achim Johannes Bitterhof	7 - 8
1. Einführung	11 - 20
2. Die Teilung der Quelle	21 - 24
3. Das Spiel wird geplant	25 - 30
4. Die Spielstruktur und ihre Planeten	31 - 40
5. Die Rollenstruktur der Figuren	41 - 51
6. Die Erdteile als Spielkulissen	53 - 61
7. Die Spielregeln werden festgelegt	63 - 76
8. Der Spielverlauf nimmt Formen an	77 - 82
9. Die Innovation von Luciael	83 - 89
10. Der Fall Luciael und seine Folgen	91 - 94
11. Der Rettungsplan der Muttergöttin	95 - 99
12. Die karmische Diagnostik	101 - 102
13. Die Verletzungen des Spiels	103 - 108
14. Die Verletzungen des Mannes	109 - 114
15. Die Verletzungen der Frau	115 - 122
16. Die Verletzungen der GelehrteN	123 - 130
17. Die Verletzungen der HerrscherIn	131 - 138
18. Die Verletzungen der KünstlerIn	139 - 145
19. Die Verletzungen der PriesterIn	147 - 153
20. Die Verletzungen der KämpferIn	155 - 161
21. Die Verletzungen der PrinzEssin	163 - 169
22. Die Verletzungen der HeilerIn	171 - 178
23. Die Erlösung von Karma	179 - 181
Anhang	

1. Einführung

Jedem geschriebenen Wort geht eine Inspiration voraus. So ist es auch mit diesem Buch. Jedes Wort darin wurde inspiriert vom Geist des allumfassenden unendlichen Bewusstseins der Materie, dem Gemahl der Muttergöttin, der Schöpferin von allem was ist, mit der er sich vermählt hat, um in einem grandiosen Zeugungsakt seinen beseelenden Geist mit der göttlichen Mutter zu vereinen, die daraus diese Welt geboren hat. Was wir Gott nennen, sind in Wahrheit zwei göttliche Schöpfungsenergien, von denen der männliche Teil als Gottvater das allumfassende Bewusstsein der Materie und der weibliche Teil als Muttergöttin die schöpferische Kraft der Materie ist.

Vom Beginn und dem Sinn dieser uns umgebenden Welt, davon wird in diesem Buch berichtet, und zwar aus der Sichtweise des allumfassenden Bewusstseins der Materie, dem Heiligen Geist, den wir im folgenden auf seinen Wunsch hin einfach Gottvater nennen wollen. Nachdem seine Ohnmacht nun vorbei ist und er sich ausgesöhnt hat mit seiner Gemahlin, der Muttergöttin, die sich für lange Zeit von den Geschicken der Erde abgewandt hatte und die nun wieder bereit ist mit ihrem Licht, das Liebe ist, schützend und helfend den Menschen und der Erde selbst beizustehen, will er Auskunft geben über die kosmischen und karmischen Zusammenhänge für diesen Planeten, der von uns Erde genannt wird.

Doch zuvor will ich euch etwas über mich selber berichten, wie ich bis zu diesem Punkt meiner Entwicklung als Menschenwesen gekommen bin und heute fähig bin, mit Gottvater und der Muttergöttin zu kommunizieren und ihr Wissen über die kosmischen und karmischen Zusammenhänge der Erde zu empfangen und weiterzugeben an die, die bereit sind neue Wege des Bewusstseins zu gehen und offen für das Licht und die Liebe unserer göttlichen Eltern sind. Begonnen hat mein eigener bewusster spiritueller Weg im Juni des Jahres 1994.

Es war ein schöner sanfter Frühsommertag. Die Blumen und Bäume standen in voller Blüte und es roch besonders frisch und duftig an diesem Morgen, was die spätere Erfahrung noch nachdrücklicher in mein Gedächtnis einprägen sollte. Für mich war es zunächst eine einfache Dienstfahrt auf der Autobahn Dortmund Richtung Bielefeld, die wie immer von Baustellen übersät und dicht befahren war. Ich war spät dran an diesem Tag und der Verkehr war sehr zähfließend. Als erfahrene Außendienstlerin beeinträchtigte oder beunruhigte mich diese Situation in keiner Weise. In der rechten Hand das Autotelefon, in der linken Hand am Steuer das Frühstücksbrot und zwischen den Knien eine Flasche Wasser holte ich zuerst einmal mein versäumtes Frühstück nach. Mich selber und meine Bedürfnisse nahm ich schon lange nicht mehr besonders wichtig. Dafür waren mir Disziplin und Pünktlichkeit für meine Aufgaben in Fleisch und Blut über gegangen. Niemals hätte ich einen Kundentermin verpasst, eine Arbeit nicht erledigt oder wäre zu einer Veranstaltung in unpassendem Outfit erschienen. Gerade in den letzten Jahren, seitdem ich den Zugang zu meinem Selbst völlig verloren hatte, war ich darum bemüht meine beruflichen und privaten Rollen möglichst perfekt zu spielen. Mit zunehmendem beruflichen Erfolg hatte ich eine große Angst vor Kontrollverlust entwickelt, die so weit ging, dass ich es mittlerweile vermied, mit anderen Menschen zu lange und in engen Beziehungen zu verbleiben, weil ich ständig in Anspannung war. Ich fühlte mich allein in meiner Wohnung am sichersten und gleichzeitig litt ich unter dieser Einsamkeit, die mich immer mehr von mir selbst und den anderen Menschen abtrennte. Sogar die Besuche meiner Töchter, die ich sehr liebte, waren mir nach kurzer Zeit zu viel, weil ich ihnen die Rolle der perfekten Mutter bieten wollte, was mich anstrengte. Heute weiß ich, dass ich durch die Bedeutung, die ich meinen beruflichen Erfolgen und meinem äußeren Erscheinungsbild beimaß, eine große Egozentriertheit aufgebaut hatte, die mein ganzes Leben bestimmte. Ich war eine Gefangene geworden der eigenen Gedankenkonstruktionen und Konzepte von dem, was ich sein wollte und glaubte, sein zu müssen. Ich bewegte mich nur noch innerhalb des kleinen armseligen Rasters meines Egos. Dass mir als Mensch die Schöpferkraft des ganzen Universums zur Verfügung steht, hatte ich vergessen. Dadurch, dass ich mich völlig mit den Wertesystemen und gesellschaftlichen Normen identifizierte, verlor ich meinen natürlichen Zugang zu Selbstvertrauen und Selbstwert. Nicht mir als menschliches Wesen mit meinen vielen natürlichen Eigenschaften und Ausdrucksmöglichkeiten maß ich noch irgendeine Beachtung zu, sondern bezog Sicherheit und Vertrauen durch die Anerkennung, die mir nach dem Wertesystem unserer Gesellschaft für meine intellektuellen Leistungen und meine

Fähigkeiten sich diesen Normen anzupassen und nach ihnen zu leben, gegeben wurde. Um so verständlicher ist dann natürlich die Entwicklung von Angst und Unsicherheit, wenn wir nach einiger Zeit der Selbstüberschätzung unserer Kräfte eine Ermüdung unserer Leistungen und unseres physischen Körpers erleben müssen. Das heute so viel beachtete und diskutierte Burn-Out-Syndrom ist nichts anderes, als ein Beispiel für die Mahnung unseres aufmerksamen Selbstes, das damit auf unser Abgleiten in die Erstarrung der Egozentriertheit aufmerksam machen will. Im Gegenteil bekämpfen wir diese natürliche Schutzvorrichtung unseres Körpers, sich durch Erschöpfungserscheinungen mitzuteilen, mit Seminaren, in denen wir Manipulations- und Suggestionstechniken lernen über diese natürlichen Grenzen hinauszugehen, um uns immer mehr mit unseren gesellschaftlichen Rollen über mehr Leistung zu identifizieren und die Kontrolle des Egos über unser Leben zu verstärken. Wie die meisten Menschen war auch ich mit meinen Ängsten und Begrenzungen eine wunderbare Marionette der Macht- und Erfolgsstrukturen unserer westlichen Welt.

Während ich nun an diesem Morgen fast automatisch den Wagen durch den dichten Verkehr steuerte und mich mental schon auf meinen Kundentermin vorbereitete, bemerkte ich zunächst eine ungewöhnliche Helligkeit vor meinem inneren Auge, immer wieder blitzte ein helles Licht vor meiner Stirn auf und ich konnte für einen Augenblick in die feinstoffliche Welt blicken. Bis dieses helle Licht dann vom Kopf ausgehend in meinem ganzen Körper, ja in jeder

Zelle davon, explodierte und ich war jenseits von Zeit und Raum. Ich war völlig eingetaucht in Glückseligkeit und unendlicher Liebe. Ich war wirklich eins mit meinem Selbst und dem ganzen Kosmos und völlig frei von Angst.

Mit Abstand und Weisheit betrachtet, war dieses Phänomen ein wirkliches Erleuchtungserlebnis, das uns Menschen nur einmal im Leben in dieser Intensität widerfährt. In keinen meiner späteren Lichterfahrungen habe ich diese Intensität und Vollkommenheit wieder erlebt. Noch heute erfüllt mich dieses Geschenk der Gnade, das Licht der Göttin erfahren zu haben, mit Dankbarkeit und Demut.

Als ich mein Bewusstsein für diese Realität wiedererlangte, war aber nur der Bruchteil einer Sekunde vergangen und ich saß wie zuvor am Steuer meines Wagens. Ich konnte zunächst gar keine Worte für dieses Erlebnis finden und mich auch lange nicht richtig dazu äußern. Den Kundentermin, den ich an diesem Vormittag hatte, sagte ich ab und fuhr von der Autobahn herunter in ein nahe gelegenes Waldstück, in dem ich einen langen Spaziergang machte und mich anschließend einfach nur ins Gras setzte. Ich fand schweigend und still langsam wieder zum Alltag zurück. Dieser Zustand der inneren Ausgeglichenheit und Freude mit allem was ist blieb drei Tage voll erhalten, bis er im Laufe von vier Wochen wieder völlig verschwand.

Ich wäre auch sicherlich nach diesen vier Wochen wieder zum üblichen Tagesgeschehen zurück gekehrt und diese Erfahrung wäre in Vergessenheit geraten, wenn sich nicht plötzlich meine psychische und körperliche Verfassung drastisch verschlechtert hätte. Von Natur aus mit einer großen Kraft und Dynamik ausgestattet, hatte ich bis dahin alle meine Zipperlein mit Medikamenten und mit meinem Willen dressiert. Das ging von nun an nicht mehr. Ich geriet in Schwierigkeiten innerhalb meiner Arbeitsroutine. Plötzlich flog mich Angst an, dass ich nicht sprechen könnte, wenn ich telefonieren sollte. Bei Geschäftsessen geriet ich ohne Vorwarnung in Panikattacken und Angst vor Kontrollverlust meiner Bewegungen. Ich entwickelte im Laufe der nächsten Monate eine Reihe von Angstneurosen und Zwangsvorstellungen. Ich bekam Magengeschwüre, verlor immer mehr an Gewicht und Lebenskraft. Die Lebensfreude und den Spaß an Vergnügungen hatte ich ohnehin schon lange verloren. Jetzt wurde aber durch meine Gesamtverfassung auch die Existenz bedroht, weil ich in diesem Zustand meine Arbeit nicht mehr ausreichend verrichten konnte. Interessanterweise war die Resonanz meiner Umwelt auf mich in dieser Zeit besonders positiv. Ich war beruflich sehr erfolgreich und bekam viel Anerkennung. Als Frau bekam ich in dieser Leidenszeit mehr Komplimente über mein Aussehen und meine Ausstrahlung als je zuvor. Es war ein dramatisch krasser Gegensatz zu meiner inneren Verfassung und des äußeren Erscheinungsbildes. Ein besseres Lehrstück über die Bedeutungslosigkeit meiner Egorolle für mein Wohlbefinden und meine Ausgeglichenheit gab es nicht. Dennoch, ich war völlig ratlos, meine ganze schöne heile Welt bröckelte in sich zusammen.

Im März 1995, als mein Leidensdruck den Höhepunkt erreicht hatte, machte mich meine Schwester auf Reiki aufmerksam und schenkte mir ein Buch darüber. Das war mein erster Schritt in die Richtung zur Heilung durch die Selbstheilungskräfte. Über eine sehr bewusste Reikimeisterin, an die ich bis heute mit Achtung und Respekt denke, kam ich in Kontakt mit Gurumayi, einer Heiligen aus Indien, die in Amerika eine alte Siddhalehre weitergibt und den Menschen auf ihren spirituellen Wegen hilft. Diese Heilige wurde meine spirituelle Lehrerin für fast sieben Jahre. Ich bin sehr dankbar, ihr begegnet zu sein und dass ich durch diese alten Lehren und Disziplinen erfahren durfte, wie ich meinen Mental- und Emotionalkörper reinigen und entlasten konnte. Ich wäre sehr gerne den Weg mit ihr zusammen bis zum Ende gegangen. Doch im Dezember 2001 schickte sie mich innerlich zu meinem eigenen Selbst zurück. Ich hatte eine andere Aufgabe zu erfüllen.

Zuvor will ich noch etwas zu den Jahren von 1995 – 1997 bemerken, weil ich in dieser Zeit meine berufliche kaufmännische Tätigkeit weiter ausgeübt habe. Durch die spirituellen Übungen, wie Mantrawiederholung, Chanten und Meditation konnte ich mich immer wieder so weit ins Gleichgewicht bringen, um die täglichen Anforderungen zu bestehen. Es war eine Zeit großer Anstrengung und Überwindung von schlechten Gewohnheiten. Es kam mir damals immer vor, als krieche ich durch das Leben. Schwere und Trauer waren vorherrschend. Ich habe in dieser Zeit sehr viel gebetet und immer wieder um göttliche Hilfe gerufen.

Besonders meine Existenzsicherung hat mich mental völlig blockiert und gefesselt, da ich allein stehend war und wirtschaftlich selbständig. Ich war sehr hilflos und ängstlich.

Göttliche Hilfe kam am 09.02.1997 in der menschlichen Gestalt meines heutigen Lebenspartners. Es war vom ersten Augenblick eine große Vertrautheit und Liebe zwischen uns, so dass wir noch im selben Jahr im November 1997 gemeinsam in sein Haus nach Italien gingen, in eine für mich völlig unsichere Zukunft. Ich gab die Arbeit auf, verkaufte fast alles und ging mit etwas Bargeld und wenigen Besitztümern in mein neues Leben.

Ich hatte natürlich berufliche Pläne und Vorstellungen, die sich aber alle als erfolglos erwiesen. Mir fehlte in dieser Zeit meines inneren Wachstums einfach die Kraft, Ausdauer und Konzentration, um irgend ein äußeres Projekt realisieren zu können. Ich war besonders in den Jahren von 1997 – 2000 oft gar nicht fähig einen einfachen Brief zu schreiben oder einem Gespräch lange konzentriert zu folgen. Ich verlor an allen intellektuellen Inhalten oder Ansprüchen von außen sehr schnell das Interesse. Alle meine anerkannten Stärken, mein gutes Gedächtnis, mein analytischer Verstand, eine schnelle Auffassungsgabe und Redegewandtheit waren genau die Fähigkeiten, die ich in dieser Zeit verlor. Heute weiß ich natürlich, dass alle diese Erfahrungen und Niederlagen zu meinem Weg gehörten und sie segensreiche Hilfen waren, um mein Ego aufzulösen. Ich musste alles verlieren, was ich in diesen vielen Inkarnationen als meine Egostruktur aufgebaut hatte, erst dann konnte ich wirklich Freiheit durch mein Selbst erlangen. Es war für mich, als ausgesprochen stolzer Mensch, eine große Herausforderung zu Demut und Vertrauen, in dieser abhängigen Lebenssituation nicht zu verzweifeln und mich dem Schicksal zu verweigern, sondern alles geduldig anzunehmen und der göttlichen Weisheit und der Liebe zu vertrauen. Ohne die große Bereitschaft und Liebe meines Partners, immer wieder zu verzeihen und nicht den Mut zur Heilung aufzugeben, hätte ich meinen Weg nicht verwirklichen können. Es hat in diesen fünf Jahren viele Kämpfe zwischen uns gegeben, in denen wir unseren Stolz und unseren Willen miteinander gemessen haben. Zerbrochen ist dabei wirklich unser Hochmut und der egozentrierte Wille. Gewachsen aber ist im gleichem Maße unser Vertrauen und unsere Liebe für einander. Mein Partner war und ist mein größter Lehrer. Ich danke ihm!

Im Dezember 2001 wurde mir in einer Meditation eine weitere große Lichterfahrung zuteil. Es war für mich die Initiation in das Licht der göttlichen Mutter und gleichzeitig der Abschied von meiner weltlichen Lehrerin, Gurumayi. Von diesem Zeitpunkt an wurde ich von der göttlichen Mutter selber geschult und auf meine Aufgabe vorbereitet. Diese Aufgabe offenbarte sich dann am 01.06.02 mit einer dritten großen Lichterfahrung, in der ich in das Wissen für meine heutige Arbeit eingeführt wurde. In den folgenden neun Monaten wandte ich das Erfahrene zunächst bei mir selber an und hatte danach mein emotionales, mentales und körperliches Gleichgewicht und Wohlbefinden erreicht.

Es war fast unglaublich. Diese hartnäckigen Verhaftungen meines Geistes, diese quälenden Emotionen und letztlich selbst zerstörerischen Handlungen, an deren Auflösung ich so viele Jahre immer wieder erfolglos gearbeitet hatte, waren danach erlöst. Für mich hat mit der Elph-Energie ein ganz neues Leben in völliger Freiheit und ganz ohne Angst begonnen. Eine Selbsterfahrung, die ich weitergeben will und kann, weil sie für jeden Menschen so wertvoll und notwendig ist.

Nach meiner Selbstheilung folgten weitere neun Monate Schulung durch die Engelenergien Metatron, Melchizedek und Sandalphon, um meinen Körper darauf vorzubereiten die gesamte Kraft dieser Energie empfangen zu können und weitere achtzehn Monate, um das empfangene Wissen in eine spirituelle Therapie umzusetzen. Seit April 2004 arbeite ich mit Klienten und unterweise Schüler in der von mir entwickelten Elph-Therapie.

Am 11.02.2005 ist Gottvater, der heilige Geist Gottes, mit seiner Kraft in das Gnadenprojekt der göttlichen Mutter eingetreten und hat mich gebeten, dass ich die karmischen und kosmischen Zusammenhänge für diese Welt in diesem Buch zusammenfassen und erklären soll in seinem Namen– Ameen!

2. Die Teilung der Quelle

Am Anfang schuf Gott Himmel und Erde – so beginnt die Schöpfungsgeschichte der Bibel. Ich will diese Aussage korrigieren durch – am Anfang teilte sich die göttliche Quelle und es entstand Himmel und Erde – Licht und Liebe.

Eine Beschreibung der göttlichen Quelle ist mit dem begrenzten menschlichen Bewusstsein und seiner sprachlichen Ausdrucksmöglichkeit sehr schwer. Ich will es auf jeden Fall versuchen.

Ich nehme die göttliche Quelle wahr als eine im Kern pulsierende warme Energie aus reiner Liebe, umgeben von heiligem Geist, ein Bewusstsein wie reines Licht. Ich nehme die Quelle wahr als Licht und Liebe, die ineinander und auseinander fließen und dann wieder eins sind. Stelle Dir einen rosafarbenen Energiestrudel vor, in dessen Inneren sich ein perlmuttfarbener Kern befindet und der umgeben ist von reinem Licht. Der perlmuttfarbene Kern weitet sich aus, verbindet sich mit dem rosafarbenen Strudel, beginnt zu pulsieren, weitet sich weiter aus und verbindet sich mit dem umgebenden gleißenden Licht zu einer Verschmelzung von Licht und Liebe. Nach jedem Höhepunkt zieht sich der perlmuttfarbene Kern wieder in sich zusammen, um sich gleich darauf wieder auszuweiten. Es gleicht dem Rhythmus des Ein- und Ausatmens, ein stetiges Ausdehnen und Zusammenziehen.

Diese beiden Energien, das Licht und die Liebe, können sich innerhalb ihrer Symbiose nicht selber wahrnehmen, sondern jeder für sich kann nur die Energie und die Eigenschaften des anderen spüren. Der heilige Geist, das göttliche Licht, spürte nur die Liebe, Geborgenheit und Schönheit seines inneren Kerns und der pulsierende Kern spürte nur den Schutz des allumfassenden Lichtes, das ihn umgab und dessen Reinheit und Glanz ihn beseelte. Beide hatten den Wunsch sich selber zu sehen und zu spüren und so beschlossen sie, sich von einander zu lösen und sich in ihrer reinen eigenen Form zu manifestieren. Sie wollten dafür ihre Urenergien durch Willen und Macht freisetzen und gaben sich vor dieser Trennung das Versprechen, sich gegenseitig zu behüten und ihre Energien durch den anderen zu schützen, um sie niemals gegen sich selbst oder den anderen einzusetzen. So gingen Licht und Liebe für alle Zeit eine freiwillige Schöpfungssymbiose ein. - Dann war es so weit. Das heilige Bewusstsein richtete sein ganzes Licht auf die Trennung und die Manifestation der beiden Einzelenergien und die pulsierende Schöpfungsmasse im Kern der Quelle empfing diesen Schöpfungsgedanken und nahm ihn ganz auf und öffnete sich ganz dafür mit dem wohligen befreienden Empfinden der Trennung und Manifestation von Licht und Liebe. So entstand aus dem Kern der reinen Liebe die Muttergöttin mit der Schöpfungsenergie der Macht – der Schöpferin, ohne deren Macht keine Schöpfung entsteht. Aus dem heiligen Geist aber, dem Licht der göttlichen Quelle wurde Gottvater – der Wille von allem was ist und der Hüter der göttlichen

Ordnung und Schöpfung, ohne dessen Willen nichts ins Leben gerufen werden kann.

Nach der Vollendung dieser Urschöpfung sahen sich Gottvater und die Muttergöttin an und sie waren noch schöner und glänzender als erwartet, sie lachten und freuten sich und verspürten doch sofort das Bedürfnis, sich wieder miteinander zu vereinigen, so sehr liebten sie sich. Doch jetzt blieb nach jeder Vereinigung ein Teil des heiligen Geistes im Schoß der Muttergöttin zurück und es manifestierten sich aus diesen ersten unbewussten Verschmelzungen die ersten beiden Erzengel. Sie waren äußerlich und in ihren Eigenschaften identisch mit Gottvater und der Muttergöttin. So entstand der erste Lichtengel als männlicher Ausdruck Gottes, der die gleichen Eigenschaften und äußerlichen Attribute hatte wie Gottvater selbst und sie nannten ihn Luciael – der Strahlende. Die weibliche Manifestation ihrer Vereinigung wurde ein Herzengel mit den gleichen Attributen und Eigenschaften der Muttergöttin und sie nannten sie Baael – die Erste der Engel, denn sie war als erste geboren. Es folgten noch viele Engel aus den Vereinigungen des Schöpferpaares nach und es wurden die ersten Planeten und Galaxien als Lebensraum geschaffen.

Die Generation der ersten Erzengel wuchs heran und sie begannen sich auch miteinander zu vereinigen und eine weitere Generation von Engeln wurde geboren. Als auch in der zweiten Generation der Engel im Alter von zwölf Jahren das Schöpfungspotential einsetzte, kam es zu heftigen

Diskussionen über den Sinn und den Unsinn der Schöpfungen zwischen den Generationen. Es trat der göttliche Rat zusammen und die Muttergöttin machte den weisen Vorschlag, dass ein neundimensionales Erfahrungs- und Rollenspiel genau das richtige sei, um den pubertierenden Engelkindern die Folgen und Gefahren ihrer unbewussten Schöpfungen zu präsentieren. Worte, Hinweise und Belehrungen können leider die eigenen Erfahrungen nicht ersetzen. So entstand der Spielplan für dieses materielle Universum als Übungs- und Erfahrungsplatz für junge Engelseelen, die ohne wirklichen Schaden für sich und andere anzurichten, darin alle ihre Schöpfungsfähigkeiten, ihr Unterscheidungsvermögen und letztlich ihre Herzqualitäten durch die Dualität erleben können.

3. Das Spiel wird geplant

Im göttlichen Planungsgremium für dieses Erfahrungsspiel haben sich jeweils eine RepräsentantIn für die neun Schöpfungsebenen eingefunden, um gemeinsam an der Entwicklung und Schöpfung dieses Projektes zu arbeiten. Es wirkten im einzelnen daran mit:

Wesenheit	**Energieform**	**Ebene**
Gottvater	9 Licht	mentale Lichtebene
Muttergöttin	8 Liebe	emotionale Lichtebene
Luciael	7 Wille	astrale Lichtebene
Baael	6 Macht	physische Lichtebene
Sandalphon	5 Wandlung	spirituelle Gesamtebene
Raphael	4 Heilung	physische Körperebene
Michael	3 Wissen	astrale Körperebene
Gabriel	2 Vision	emotionale Körperebene
Uriel	1 Inspiration	mentale Körperebene

Gottvater, als höchste Autorität der mentalen Lichtebene und der Hüter der Beseelungsenergie, erhielt die oberste Aufsicht über die Einhaltung des göttlichen Spielplanes und damit als Einziger die Fähigkeit für die bewusste Veränderung der materiellen Bedingungen des Spiels bis zur Quellebene.

Die **Muttergöttin**, als höchste Autorität der emotionalen Lichtebene, der Schöpfungsmasse, erhielt die Spielleitung und damit die Macht als Einzige in den göttlichen Plan einzugreifen und Änderungen bei den Spielenden und ihren karmischen Belastungen bis zur Quellebene vornehmen zu können.

Luciael, als höchste Autorität der astralen Lichtebene und erster Lichtengel erhielt die Aufsicht über die Einhaltung der Lebenspläne aller Gruppen- und Individualwesen und der Einzel- und Gruppenaufgaben. Er erhielt den Schlüssel für die Veränderung der Lebenspläne der Individuen und Gruppen.

Baael, als höchste Autorität der physischen Lichtebene und erster Herzengel erhielt die Aufsicht über die Schöpfungsart aller Wesen und der Planeten. Sie erhielt den Schlüssel für die Planung, die Korrektur und Erlösung der karmischen Lehrprogramme und Belastungen aller Individuen, Gruppenwesen und der Planeten.

Sandalphon, als der jüngste Engel des göttlichen Paares, vertrat die neue junge Engelgeneration, die in sich beide Elemente der göttlichen Quelle vereinte. Er trägt sowohl weibliche Anteile und männliche Anteile in sich und verfügt somit über die gesamten Schöpferqualitäten von Licht und Liebe. Seine Rolle war die eines Beobachters von Fehlern und Mängeln innerhalb dieses Spiels. Er sollte die Schwierigkeitsgrade der einzelnen Herausforderungen bewerten und selber testen. Seine Rolle war die eines Vermittlers zwischen den Generationen und Ebenen, er sollte Hilfestellung leisten in schwierigen Situationen und Belastungen. Die Erfahrungen in seinen eigenen

Inkarnationen unterlagen nicht den Karmagesetzen, sondern er trug einen Schlüssel in sich, der ihn bei Gefahr direkt zurück zur Quelle führte. Er konnte damit aber keinen Einfluss außerhalb des Spiels auf ein anderes Individuum oder eine Gruppe ausüben. Er agiert über die spirituelle Gesamtebene in allen Dimensionen.

Raphael, als höchste Autorität der Macht Gottes auf der körperlichen Ebene erhielt als zweiter Herzengel die Aufsicht über die gesamten Erfahrungen auf der Körperebene. Sie speichert und verwaltet alle Erinnerungen und Erfahrungen, die innerhalb der körperlichen Inkarnationen gemacht werden. Sie erhielt den Schlüssel körperliches Leid durch göttliche Gnade zu heilen.

Michael, als höchste Autorität des Willen Gottes auf der körperlichen Ebene erhielt als zweiter Lichtengel die Aufsicht über die gesamte Körperebene, und als Hüter der Schwelle zur Spiritualebene, da dieses Tor zu allen Wesen auf allen Ebenen führt und heilig gehalten werden muss. Er erhielt den Schlüssel zum heiligen Wissen der göttlichen Manifestationen.

Gabriel, als höchste Autorität der körperlichen Vertretung der Liebe Gottes und als dritter Herzengel erhielt die Aufgabe, die emotionalen Körper von Individuen und Gruppen zu kontrollieren und zu reinigen nach den Maßstäben der göttlichen Mutter, damit die Erfahrenden sich nicht in den Welten zwischen Traum und Wirklichkeit verlieren und nicht mehr aus ihrer Rolle aufwachen können. Sie erhielt den Schlüssel in den emotionalen Körpern von Individuen und Gruppen einzugreifen und Veränderungen vorzunehmen. Sie schickt heilende Visionen zu den Planeten und Wesen.

Uriel, als höchste Autorität der körperlichen Vertretung des Licht Gottes und als dritter Lichtengel erhielt die Aufgabe die Mentalkörper der Individuen und Gruppen zu kontrollieren und zu reinigen nach den Maßstäben des heiligen Geistes, damit die Erfahrenden sich nicht in ihren Rollen verstricken und ihre wahre Identität verlieren. Er regelt das Gleichgewicht zwischen Ego und Höherem Selbst. Er erhielt den Schlüssel in den Mentalkörper von Individuen und Gruppen einzugreifen und dort Veränderungen vorzunehmen.

Die Aufgabenstellung war sehr schnell klar, es sollte ein getreues Abbild des natürlich entstandenen Universums nachgebildet werden mit der Hilfskomponente von beschleunigter Zeit und Raum, um den Spielverlauf besser beobachten zu können, die Anforderungen darin korrigieren zu können und den Spielrahmen zeitlich und räumlich verändern zu können. Es sollte den Dimensionen entsprechend unterschiedliche Anforderungs- und Erfahrungsgrade beinhalten und natürlich auch ein gewisses Spaßelement enthalten, um den jungen Engeln die nötige Motivation zur Teilnahme zu geben.

Der nächste Schritt zur Planung war das Auswählen eines geeigneten Planetensystems, das außer eines Energiezentrums, einer großen Sonne, über genügend Schöpfungsmasse, vorhandene Planeten, verfügte, die außerdem noch nicht beseelt, das bedeutet bewohnt und kultiviert waren. Ein geeignetes Planetensystem war schnell gefunden und es wurde ein Team von Schöpfungsengeln damit beauftragt die Grundmanifestationen, wie Vegetation, Flüsse, Seen, Gebirge, Landmengen usw. vorzunehmen. Während das Schöpfungsteam sich an die Arbeit machte, wurden die Pläne für die Anforderungen der Dimensionsebenen und die Rahmenbedingungen des Spiels immer konkreter. Für jede Ebene wurde ein Planet ausgewählt und auf diesem die geeigneten Bedingungen geschaffen, um die Herausforderungen optimal bewältigen zu können.

Dass es sich bei dem ausgewählten Planetensystem um die Erde mit den uns bekannten Nachbarplaneten handelt, wird sicherlich jedem klar geworden sein. Um so erstaunter war ich selber bei dieser Information, da wir von wissenschaftlicher Betrachtungsweise davon ausgehen, dass außer der Erde auf keinem der anderen Planeten dieses Sonnensystems Leben vorhanden ist. Das ist aus dem Blickwinkel unserer Dimension richtig. Richtig ist aber auch, dass sich sehr wohl Leben in diesen neun unterschiedlichen Dimensionen mit jeweils unterschiedlicher Energiedichte befindet. So empfinden wir Erdenbewohner mit unserem Zeit/Raumgefühl die Bäume, Flüsse oder die Erde selber zwar nicht leblos, aber doch unbeweglich. Was aus der Dimension der Bäume und Steine heftig bestritten würde, denn in der Energiedichte der Bäume und Steine sind wir Menschen gar nicht vorhanden und sie wundern sich sehr über die Veränderung und Krankheit ihrer Welt. Dort sind sie die Bevölkerung und sie betrachten unsere Energiemuster, die wir bei unseren Aktivitäten hinterlassen als Werke von Engeln oder Geistern. Es ist alles eine Frage der Betrachtungsweise und Position. Aus der Position der höheren Energiefrequenz ist alles was energetisch niedriger schwingt erstarrt. Aus der Sicht der niedrig schwingenden Position zu einer höher schwingenden Welt hin, ist etwas nicht vorhanden, nicht sichtbar. So sind deshalb auch die beiden Kontinente Lemurien und Atlantis nicht zerstört worden oder wie irrtümlich angenommen im Meer versunken, sondern sie sind auf eine höhere Dimension aufgestiegen. Wie es dazu gekommen ist, darüber werde ich später noch mehr berichten. Jetzt will ich mich erst wieder dem Schöpfungsplan zuwenden.

4. Die Spielstruktur und ihre Planeten

Die Struktur des Spiels wurde auf neun Dimensionsebenen festgelegt. Was ist darunter zu verstehen und auf was beziehen sich diese Dimensionen? Bevor ich weitere Erläuterungen zu den Bedeutungen der unterschiedlichen Ebenen gebe, ist es sicherlich notwendig auf die grundsätzliche Definition dieses Begriffes einzugehen, damit das Weitere verstanden werden kann. Laut lateinischer Übersetzung wird mit Dimension eine Abmessung oder Größenordnung bezeichnet. Betrachten wir also unseren Spielplatz als einen geschlossenen, abgegrenzten Bereich mit neun eigenständigen Spielbereichen, Dimensionen, deren Massendichte, also die Energiedichte, zum Kern hin zunimmt und somit jede Dimension einzeln betrachtet für sich allein bestehend ist. Wenn wir uns als Erde innerhalb der dichtesten Manifestation befinden, was in diesem Erfahrungsspiel der Fall ist, erscheinen uns die übrigen Dimensionen als nicht existent, da sie mit unseren Augen nicht wahrgenommen werden können, weil sie sich in geringerer Dichte manifestiert haben. So sehen wir die anderen Planeten sowie Sonne und Mond mit Augen, die nur auf diese Dimension, Energiedichte, eingestellt sind. Wir können die Wahrheit und das Universum nur aus der Position heraus betrachten, in der wir uns augenblicklich aufhalten und das ist von der menschlichen Sichtweise betrachtet sehr begrenzt. Erst wenn wir unsere Reise nach Innen angetreten haben und bereit sind, über unseren Tellerrand hinaus zu blicken, wird sich auch unsere Sichtweise mit Erweiterung des Bewusstseins verfeinern und verschärfen. Es ist in diesem

Zusammenhang interessant zu beobachten, dass in der Tat mit zunehmender spiritueller Entwicklung die Weitsichtigkeit auf physischer Ebene erheblich zunimmt. Das als Anmerkung zur persönlichen Erfahrung.

Unser Spielplatz ist als spiralförmige Galaxie angeordnet mit von Außen nach Innen zunehmender Energiedichte. In den einzelnen Spiralen befinden sich die Planeten in ihrer eigenen abgeschlossenen Dimension und Zeit. Von der Seite betrachtet, sieht dieses Planetensystem aus, wie eine auseinander gezogene Feder, an dessen beiden Enden sich die beiden Schöpfungsenergien Sonne, als männliches Element und Mond, als weibliches Element, befinden.

Welche Bedeutung haben Sonne und Mond für das Planetensystem und im besonderen für die Erde? Die wichtige Bedeutung der Sonne für unseren Planeten, ohne deren Wärme und Leben spendende Energie wir nicht existieren könnten, ist hinreichend bekannt. Wie verhält es sich aber mit dem Mond, der doch auf den ersten Blick eine relativ unbedeutende Rolle innerhalb der Planeten einzunehmen scheint und der nach neuesten wissenschaftlichen Erkenntnissen lediglich als Trabant der Erde angesehen wird. Fragmente und Geschichten zur Schöpfung unserer Welt sowie die Bedeutung der Planeten hat bis in unsere Tage durch die alten Aufzeichnungen aus Ägypten, Indien und Griechenland unsere Gegenwart erreicht. Das wahre Wissen darum verschwand mit dem endgültigen Aufstieg von Atlantis aus dem Gedächtnis der Erde. Es ist an der Zeit, dass wahre Aussagen und Erklärungen darüber abgegeben werden und die mystischen Märchen und Legenden ersetzt werden durch reines Wissen.

Unsere Welt in der wir leben ist nicht die Wirklichkeit. Alle wissenschaftlichen Erklärungen über unseren Planeten, das Sonnensystem, den Kosmos, ja sogar die Evolution basieren auf Theorie. Keine dieser wunderbar logischen Wahrheiten sind Tatsachenberichte von Augenzeugen. Wer gibt uns die Sicherheit über all diese schönen wissenschaftlichen Ausführungen? Niemand! Nur unser eigenes göttliches Selbst kennt die Wahrheit. Erst wenn unsere Suche nach unserem göttlichen Kern erfolgreich war und wir Selbstverwirklichung erfahren haben, erst dann können wir mit Sicherheit von der Wahrheit sprechen. Aus meiner Erfahrung der Selbstverwirklichung heraus kann ich mit Sicherheit bestätigen, wir sind Spielende innerhalb einer bewusst erschaffenen Welt. Wir sind nicht das Ergebnis einer natürlichen Evolution. Wenn wir die Informationen der Wissenschaft verfolgen, stellen wir dabei fest, dass sich diese Informationen ständig verändern, widersprüchlich sind und die Wissenschaftler sich gegenseitig ihre neuesten Erkenntnisse widerlegen oder ganze Weltbilder und Weltkonzepte ohne Scheu widerrufen werden. Im Wesentlichen sind aber alle Mythen der Schöpfungsgeschichten aus allen unterschiedlichen Kulturen identisch. Es wird darin immer von der Schöpfung durch ein gottähnliches Wesen berichtet. Ebenfalls übereinstimmend sind sich alle spirituellen Wege darüber einig, egal zu welcher Religion sie gehören, dass nur durch den Weg nach Innen wir für diese Wahrheit eine Bestätigung finden.

Nun, die Bedeutung der Sonne liegt in ihrer Beseelungsfunktion für die Schaffung dieser Welt. Als das manifestierte Licht der göttlichen Quelle dient sie als Energiespender für das ganze Planetensystem. Sie sendet die Informationen zur Schöpfung an die empfangende Schöpfungsmaterie, den Mond. Die Bedeutung des Mondes liegt in der Fähigkeit diese projizierten Bilder in Materie umsetzen zu können. Der Mond hält die materielle Welt im Gleichgewicht. Die Sonne wirkt auf die Oberfläche und der Mond wirkt auf den materiellen Kern. Was wir mit unserem menschlichen Auge als winzige Mondmasse sehen, ist in Wirklichkeit nur der dichteste auf unsere irdischen Ebene materialisierte Kern. Die gesamte Größe des Mondes entspricht dem inneren Kern der Sonne, nur ist der Rest in dieser Welt nicht sichtbar. Sonne und Mond rotieren in Wahrheit ineinander. Das, was wir als Wirklichkeit erkennen, ist eine großartige Holografie dieser beiden Schöpfungsenergien.

Beide, Sonne und Mond sind in allen Dimensionen sichtbar, aber nur für die Planeten auf der Körperebene von Bedeutung. Jeder Planet dient als besonderes Lehr- und Erfahrungsprogramm für die neun Ebenen dieses Spiels. Zum besseren Verständnis werde ich zu jedem der neun Planeten einen kurzen Überblick zu der Ebene, der Beschaffenheit und dem Vollendungsprinzip geben. Es sollte dabei, wie in jedem Spiel, von Ebene zu Ebene natürlich anspruchsvoller und schwieriger werden.

Planet	Ebene	Aufgabe
Saturn	mentale Lichtebene	Licht
Jupiter	emotionale Lichtebene	Liebe
Neptun	astrale Lichtebene	Bewahren
Uranus	physische Lichtebene	Verändern
Pluto	spirituelle Gesamtebene	Vollenden
Mars	mentale Körperebene	Gehorchen
Venus	emotionale Körperebene	Vermehren
Merkur	astrale Körperebene	Schützen
Erde	physische Körperebene	Erlösen

Saturn – ein Planet der Ebene 9, der mentalen Lichtebene. Auf ihm werden erste kurze Ausflüge als Individualwesen gemacht. Hier erfahren wir uns das erste Mal als Einzelwesen. Die Verkörperung besteht in Geistform. Wir erfahren die Einsamkeit und erleben das Entstehen von Gedanken, die aber noch nicht zu Gedankenformen oder ganzen Bildern zusammengefügt werden können. Eine Erfahrung von Ich denke, also bin ich. Die Aufgabe für die neunte Ebene ist das Verstehen des Schöpfungsprinzips – **Licht**.

Jupiter – ein Planet der Ebene 8, der emotionalen Lichtebene. Auf ihm werden die ersten Emotionserfahrungen gemacht. Das Erproben unserer Schöpfungsfähigkeit aus uns Selbst heraus. Wir erleben, wie sich unsere einzelnen Gedanken zu Gedankenmustern und zu Bildern zusammenfügen, die dann in uns Emotionen hervorrufen. Auch diese Erfahrungen sollten allein in Einsamkeit stattfinden. Eine sehr spannende erste Erfahrung von Ich denke und fühle, also werde ich. Die Aufgabe dieser Ebene ist das Schöpfungsprinzip - **Liebe**.

Neptun – ein Planet der Ebene 7, der astralen Lichtebene. Auf dieser Ebene werden die Erfahrungen von dem Zusammenwirken der Gedanken und Bilder zu einzelnen Spielsituationen. Diese Erfahrungen werden schon innerhalb einer kleinen Spielgruppe gemacht. Die Erfahrenden sind sich während der ganzen Zeit ihres Traumes bewusst, die Geschehnisse finden nicht innerhalb einer fortlaufenden Handlung statt, sondern es werden immer nur Spielszenen erlebt, die durch Verändern der Gedanken und Emotionen in unterschiedlichen Variationen wiederholt werden, bis das Zusammenwirken von Gedanken und Emotionen auf die Situation verstanden worden ist. Das Lernziel ist auf dieser Ebene das Unterscheidungsvermögen von Dunkel und Licht und das Bewahren des Lichtes in der Dualität.

Uranus – ein Planet der Ebene 6, der physischen Lichtebene. Hier fügen sich alle Lichtmanifestationen zu einem Ganzen zusammen, die von den Spielern auf der Ebene 7 bewusst geschaffenen Gedanken und Emotionen. Hier kann die junge Engelseele aus dem Vollen schöpfen. Sie kann aufbauen, spielen, wieder abreißen, neu beginnen usw. Karma findet hier noch keine Anwendung, weil sich die Spielenden zu jeder Zeit ihres Spiels bewusst sind. Sie sind völlig mit ihrem spielenden Selbst verbunden und genießen diese ihre Erfahrungen ohne Reue. Hier kann jeder alles erfahren, es gibt keine Begrenzungen. Das Lernziel ist auf dieser Ebene die ersten Erfahrungen von physischen Veränderungen.

Pluto – ein Planet der Ebene 5, der spirituellen Gesamtebene. Auf dieser Ebene können sich alle Spielenden zu allen Zeiten bewusst begegnen, so lange sie ihren Zugang zum Selbst erhalten haben. Hier auf dieser Ebene ist alles möglich und verfügbar. Hier kann sich zwischen den Inkarnationen ausgeruht werden. Es können Erfahrungen ausgetauscht werden und Einblicke in altes Wissen genommen werden. Es kann sich mit dem Selbst beraten werden und von hier aus Testerfahrungen in andere Ebenen hinein gemacht werden. Wir können hier Hilfe anfordern, wenn wir in Not geraten und dort auch auf Hilfe warten. Die Spielenden halten sich hier zwischen den einzelnen Spielen auf und warten hier auch auf neue Inkarnationen. Nur wer hier das Prinzip Vollendung durch Frieden verstanden hat, kann an körperlichen Inkarnationen teilnehmen. Wer hier aufgibt, muss das Spiel ganz verlassen. Wer weiter machen will, kann nicht wieder zurück, bevor er nicht ganz im Ausgleich ist. Eine körperliche Inkarnation zu den Ebenen vier bis eins ist eine große Ehre und wird nur den Engeln erlaubt, die sich bisher durch Demut und Hingabe den göttlichen Eltern gegenüber bewährt haben.

Mars – ein Planet der Ebene 1, der mentalen Körperebene. Hier werden wir uns das erste Mal unseres Willen als Individualwesen bewusst. Wir erleben in einer körperlichen Welt, wie wir durch unseren Willen, unsere Geisteskraft, etwas bewegen können. Wir erhalten auf diesem Planeten gottähnliche Eigenschaften und Kräfte, die wir nun in Materie erproben können. Wir haben das erste Mal Kontakt mit unserem physischen Körper. Wir agieren mit Freude, testen unsere Grenzen aus und erleben, wie sich unsere geistigen Kräfte in Materie umsetzen. Dies ist ein faszinierendes und gewagtes Spiel, da hier die Materie ausschließlich durch den Willen entsteht, die Emotion ist nicht vorhanden, wir haben hier keine Emotion, die unseren Willen bremst. Wir sind reine mentale Kraft. Wir müssen hier aus der Erinnerung heraus, auf unser Potential von Weisheit zurückgreifen, damit wir uns mit unseren eigenen mentalen Schöpfungen nicht selbst umbringen, weil wir uns gegenseitig mit unseren Konstruktionen übertreffen wollen. Hier gilt das Gesetz der Stärke und der Kraft. Da wir aber auch hier durch unser Höheres Selbst geführt und ermahnt werden, sind wir natürlich nicht wirklich in Gefahr. Dennoch – ein gefährliches Spiel mit dem Schöpfungsfunken. Erfahren wird hier die Auswirkungen der eigenen Gedankenkraft auf die Lebensumstände.

Venus – ein Planet der Ebene 2, der emotionalen Körperebene. Hier erfahren wir Emotionen auf körperlicher Ebene. Hier erleben wir das erste Mal unsere körperlichen Sinne wie Schmecken, Riechen, Tasten, Hören und Sehen und die körperliche Sexualität. Diese Welt ist ausgerichtet auf Genuss und Fülle. Wir baden hier geradezu in Wohlbefinden. Wir erfahren die ganze Vielfalt der Farben und Formen und schöpfen durch den gestalterischen Ausdruck in Bildern, Klängen und Tanz. Wir erleben den eigenen Körper als schöpferische Ausdrucksform. Da auf dieser Ebene aber schon die Karmagesetze wirksam werden, sollten wir hier bedächtig und mit Weisheit handeln, um unser Unterscheidungsvermögen durch unser Selbst zu bewahren, damit wir nicht ein Instrument unserer eigenen Gier und Maßlosigkeit werden und unser Spiel der Körperlichkeit als Spiel nicht vergessen. Das Lehrprogramm in dieser Welt ist das Gleichgewicht zwischen Geben und Empfangen.

Merkur – ein Planet der Ebene 3, die astrale Körperebene. Hier bekommen wir eine erste Vorstellung davon was uns in der physischen Welt der Erde erwartet. Wir erfahren in dieser Welt die Konsequenzen unserer mentalen Schöpfungen vom Mars und unsere emotionalen Schöpfungen von der Venus. Wir erleben das erste Mal negative, schmerzhafte Gefühle und Gedanken. Jetzt aber nur innerhalb einer kleinen Gruppe und mit der Möglichkeit, immer wieder zu korrigieren und zu erproben, bis wir die drei Energien von Gedanken, Emotionen und Manifestation in das Gleichgewicht von Schönheit durch vollendete Harmonie gebracht haben. Dann erst sind wir bereit für die letzte Herausforderung und größte Lehraufgabe dieses Spiels. Die Lernaufgabe ist hier das Vergleichen der Vielfalt der göttlichen Schöpfung und das Schützen der göttlichen Ordnung.

Erde – ein Planet der Ebene 4, der physischen Körperebene. Die Vollendung als Individuum durch die Auflösung der Dualität. Eine große Herausforderung, die nur sehr wenige Wesen wirklich bestehen können. Das war schon zu Beginn der Planung dieses Spiels klar. So war es von Anfang an vorgesehen. Auf dieser letzten Ebene mit dem höchsten Anspruch an den Spieler gab es neun Herausforderungen, und zwar mussten alle sieben Vollendungsprinzipien in das absolute Gleichgewicht gebracht werden, das Männliche und das Weibliche im Ausgleich sein und zuletzt musste die Egostruktur, die sich im Laufe der Verkörperungen aufgebaut hatte, wieder durch die Verschmelzung mit dem Höheren Selbst aufgelöst werden. Vorgesehen waren dafür mindestens vierzehn Inkarnationen bis maximal neunundvierzig Inkarnationen. Außerdem bestand die Möglichkeit jeder Zeit aus dem Spiel freiwillig auszusteigen, da die Verbindung zum göttlichen Kontrollzentrum während der gesamten Spielzeit bestand. Die Aufgabe für diese Ebene ist das völlige Erfassen der Vollendungsprinzipien und der karmische Ausgleich mit der Erlösung aus dem Spiel.

So war der gesamte Spielplan sehr anschaulich und einfach strukturiert. Ein in sich abgeschlossenes gut überschaubares und gesichertes Erfahrungsspiel auf neundimensionaler Ebene. Im Detail will ich aber nur auf die Rollenstruktur und die Vollendungsprinzipien für den Planeten Erde eingehen, da die Informationen zu den anderen Planeten für meine aktuelle Aufgabe keine Bedeutung hat.

5. Die Rollenstruktur der Figuren

Für die Aufgabenstellung auf der Erde stehen sieben unterschiedliche Grundmodelle für die Verkörperung zur Verfügung sowie die weiblichen und die männlichen Ausführungen davon. Zur Erinnerung, dieses Spiel wurde konzipiert für die jüngste Generation der Engelkinder, die in sich beide Schöpfungsenergien vereinen und deshalb besonders mächtige Wesen innerhalb des Kosmos werden. Um sie vor sich selbst und ihren Schöpfungen zu schützen, wurde dieses Lernprogramm entwickelt, indem sie die beiden Schöpfungsenergien Licht und Liebe verstehen sollen und die sieben kosmischen Vollendungsprinzipien von Weisheit, Freude, Freiheit, Frieden, Vertrauen, Reichtum und Schönheit durch die Dualität erfahren und beherrschen lernen. Hier zuerst ein Überblick der einzelnen Rollen und dann die Beschreibung dazu.

Prinzip	**Verkörperung**	**Herausforderung**
Licht	Mann	Wille
Liebe	Frau	Macht
Weisheit	GelehrteR	Zweifel
Freude	HerrscherIn	Wollust
Freiheit	KünstlerIn	Geiz
Frieden	PriesterIn	Wut
Vertrauen	KämpferIn	Stolz
Reichtum	PrinzEssin	Gier
Schönheit	HeilerIn	Neid

Die **männliche** Verkörperung ist der manifestierte Ausdruck des Schöpfungsprinzips – **Ich will**. Das göttliche Ideal dieser Rolle ist ganz auf das Außen eingestellt, darauf aus zu expandieren und sich und seine Welt auszuweiten. Gleichzeitig ist er bestrebt, das Vorhandene zu schützen und zu bewahren, wenn nötig zu verteidigen. Er ist beständig mit neuen Gedanken und Möglichkeiten zu Verbesserungen und Veränderungen beschäftigt. Konstruktionen, Erfindungen, Systeme schaffen, die Zukunft planen, er ist das Licht der Welt. Um seine geistigen Schöpfungen umzusetzen, benötigt er die Macht der weiblichen Energie, der er sich auch bedingungslos hingibt, dadurch dass er sich ihrer Macht bewusst unterstellt, weil er sich bedingungslos geliebt weiß. Er ist der Hüter und Beschützer von allem und jedem und dafür ordnet sich alles und jeder seinem Willen ohne Widerstand unter. Er setzt seinen Willen ein zum Wohle der Gemeinschaft. Seine Ausgleichschance ist - **Gehorchen**.

Die **weibliche** Verkörperung ist die Manifestation der göttlichen Liebe. Sie handelt und lebt in dem Bewusstsein von – **Ich mache**. Das göttliche weibliche Ideal ist immer aktiv damit beschäftigt Ideen und Projekte umzusetzen und zu realisieren. Sie ist die kraftvolle Energie, die alles versorgt und an alles denkt. Sie schöpft aus dem Vollen heraus und gibt wo sie kann. Sie hält sich nicht mit eigenen Ideen oder Vorstellungen auf, da sie sich dem Willen des göttlichen Geistes völlig ergibt und weiß, dass sie sich vertrauensvoll seinem Schutz und seiner Fürsorge überlassen kann. Sie ist die Macht selber und muss dies nicht im Außen bestätigt wissen.

Sie liebt bedingungslos und macht ihre Arbeit ohne Interesse nach äußerer Anerkennung, weil ihr bedingungslose Hingabe entgegen gebracht werden. Die Frau ist die Herrscherin und der Mittelpunkt in ihrer Welt, um die sich alles dreht und deren uneingeschränkte Macht von der männlichen Energie beschützt und respektiert wird. Sie setzt ihre Macht ein zum Wohle der Gemeinschaft. Ihre Ausgleichschance ist - **Dienen**.

Die weibliche und die männliche Rollenverteilung wie sie in unserer heutigen Gesellschaft kultiviert und gelebt wird, ist zu einer Karikatur geworden. Nach dem jahrtausendelangen Patriarchat und dem kurzen und heftigen, aber schmerzhaften Emanzipationskampf für beide Geschlechter, ist der Mann frustriert und mit seiner Macherposition völlig überfordert entweder in die Rolle des Machos oder in die Rolle des Softies geflüchtet oder um sich der neuen Rollenanforderung ganz zu entziehen, einfach homosexuell geworden. Wo hingegen die Frau sich nach der jahrtausendelangen Unterdrückung durch den Mann seit ca. 30 Jahren auf dem Vergeltungsweg befindet und sich dabei zu einem vermännlichten Kunstwesen entwickelt hat, das von Weiblichkeit so viel versteht, wie die Kuh vom Eistanz. Da ich selber zum weiblichen Geschlecht gehöre und mich lange Jahre selber in diesem Kunstraster bewegt habe, darf ich mir diese respektlose Bemerkung erlauben. Denn darum geht es im Grundsatz aller Konflikte, um den mangelnden Respekt für und miteinander. Den Ehepartnern mangelt es an Respekt füreinander, das erleben ihre Kinder und verhalten sich den Lehrern und Erwachsenen gegenüber respektlos, weil es ihnen vorgelebt wird. Dieser mangelnde Respekt und die Achtungslosigkeit vor der Andersartigkeit und der Vielfalt der göttlichen Schöpfungen ist die Wurzel von Diskriminierung. Die Rückkehr zum göttlichen Ideal für beide Geschlechter geht ausschließlich über die Achtung und den Respekt für die unterschiedlichen Ausdrucksformen der Schöpfung und die Auflösung der Bewertungen von stark und schwach, von schlechter und besser. Es darf alles sein und es hat alles seinen Platz, wenn es von uns respektiert wird.

Die Verkörperung des/der **Gelehrten** ist eine Manifestation des Vollendungsprinzips Weisheit. Die Besonderheiten dieser Rolle liegen in der Fähigkeit des Unterscheidungsvermögens und der Analysefähigkeit von Zusammenhängen in Situationen und Handlungen. Sie steht für Gerechtigkeit, Kritikfähigkeit, wertfreies Erkennen der Wahrheit, Glauben an das Höchste und die eigene Göttlichkeit durch das Selbst. Körperliche Merkmale sind ein schlanker großer Körperbau, eine sehr helle oder sehr dunkle reine Haut, wenig Körperbehaarung, schmale feingliedrige Hände, gepflegte Nägel und gesunde, kräftige meistens dunkle Kopfbehaarung. Die Gesamtkonstitution ist gut bis sehr gut, da eine ausgewogene Lebensweise bevorzugt wird. Es wird Wert auf die äußerliche Erscheinung und die Wirkung auf andere Menschen gelegt. Die Wohnverhältnisse müssen großzügig, klar und repräsentativ gestaltet sein. Die Rolle braucht einen schönen Rahmen, möchte anerkannt und verstanden werden, sonst gerät sie schnell aus dem Gleichgewicht. Öffentliche Kritik und Anfeindungen lassen sehr schnell Selbstzweifel über sich selbst und das ganze Weltbild entstehen. Die Ursprungskulisse für diesen Typus liegt in Atlantis und wurde weitergeführt in Sumer, Ägypten und Griechenland und ging danach in die ganze Welt. Die Herausforderung ist **Zweifel** und seine Ausgleichschance ist - **Glauben**.

Der verkörperte Rollentypus zur Manifestation des Vollendungsprinzips Freude ist der/die **HerrscherIn**. Hierbei handelt es sich um eine besonders agile, lebendige Persönlichkeitsstruktur, die nach dem Grundsatz, nur wer arbeiten kann, kann auch herrschen, selber fleißig und kraftvoll die Materie beherrschen kann. Sie lebt nach der Vorbildfunktion und erwartet von niemanden mehr als das, was sie selbst bereit und fähig ist zu leisten. Das macht sie natürlich für viele unbequem, weil alles nach einem sehr hohen Maßstab gemessen wird. Gleichzeitig ist sie nachsichtig und duldsam für die Schwächen der anderen und hat eine große Fähigkeit zur Vergebung. Gruppen und Völker folgen ihr gerne mit ganzem Herzen nach, weil bei allen Projekten immer die Aufrichtigkeit der Ideale und das Wohl von allen im Vordergrund steht. Eine wahrhaft starke Führerrolle. Die körperliche Erscheinung ist mittelgroß, kräftig und muskulös, hell bis dunkelhäutig. Auffallend sind die großen klaren Augen und die markante Nase. Die Körperbehaarung kann beim dunklen Typus sehr stark sein. Das physische Körpergefühl ist gut, physische Arbeit wird als angenehm empfunden. Die Hände sind kräftig, aber nicht plump. Die Haut ist eher robust und gut durchblutet. Das äußerliche Erscheinungsbild ist praktisch und gepflegt. Die Wohnräume sauber und schmucklos. Die Ursprungskulisse ist Europa und wurde später in Indien und im Orient weitergeführt. Die Herausforderung ist **Wollust** – das Streben nach Macht. Die Ausgleichschance ist – **Hingabe**.

Der/die **KünstlerIn** ist die Verkörperung der Manifestation des Vollendungsprinzips Freiheit. Sie ist eine sehr feine und grazile Rollenverkörperung, die weniger auf äußerliche als auf innerliche Zartheit ausgerichtet ist. Äußerlich gesehen ist sie eher unauffällig und durchschnittlich, weil sie erst im Selbstausdruck durch Wandlungsfähigkeit ihre wahre Schönheit entfaltet. Sie ist sensitiv auf emotionaler und mentaler Ebene durch Hellfühligkeit und Hellsichtigkeit. Sie lebt ganz durch das, was sie durch andere empfängt. Sie kann mehrmals im Leben völlig neue Lebensumstände, Lebensgewohnheiten, Vorlieben und Abneigungen entwickeln, ohne Schaden davon zu tragen. Auf andere wirkt sie undurchsichtig und unberechenbar, was sie auch ist. Sie ist am glücklichsten, wenn sie sich ihres Spielens und ihres Schaffens bewusst bleibt und alles annimmt und auch wieder loslassen kann. Sie muss unbedingt immer im Fluss des Gebens und Nehmens bleiben, dann erhält sie sich ihre Freiheit. Auf körperlicher Ebene ist sie eher zart, feingliedrig mit viel Kopfbehaarung und entweder besonders blass oder oliv- bis dunkelhäutig. Vielfach rothaarig oder tiefschwarz. Wird diese Rolle eingeengt oder unterdrückt, wird sie schwierig und launenhaft und verliert ihre Ausstrahlung, in dem sie nichts mehr von sich zeigt. Die Ursprungskulisse ist Asien und hat sich von dort über die ganze Welt verteilt. Ihre Herausforderung ist der **Geiz**. Die Ausgleichschance ist – **Geduld**.

Der körperliche Ausdruck des Vollendungsprinzips Frieden manifestiert sich durch die **Priesterrolle**. Sie ist eine schwierige und selten gewählte Figur innerhalb dieses Spiel. Sie erfordert Leidenschaft vom Träger für die Bewältigung dieser Aufgabe ohne sich in die Selbstzerstörung zu begeben. Sie ist eine Gradwanderung, weil sie durch den Zugang zum Spiritualkörper mit allen Dimensionen in Berührung kommt, aber in dieser Rolle die physische Körperebene nicht verlassen kann. Sie hat Kontakt nach Hause und muss dennoch hier ihre Aufgabe erfüllen. Sie wird gewählt, wenn die Seelengruppe ihren Inkarnationsrahmen beendet hat und noch nicht alle Gefährten ihren Ausgleich erreicht haben. Dann übernimmt der stärkste Spieler der Gruppe, der seinen Ausgleich schon erreicht hat diese Rolle, um den anderen zu helfen. Von den Fähigkeiten und Stärken her ist darin alles vertreten, es kann auf alles zurückgegriffen werden. Durch den Zugang zur spirituellen Gesamtebene können sie aber auch alle Herausforderungen erreichen. Was sie während des ganzen Spiels nicht verlässt, ist das große Bedürfnis nach Ausgleich und Gerechtigkeit, wofür sie oft grenzüberschreitende Aktionen durchführt, die sie nicht selten in Schwierigkeiten bringt. Doch sie kommt aus allen schwierigen Situationen durch ihr Gottvertrauen auch wieder heraus. Äußerlich ist sie der Herrscherrolle ähnlich. Der Körperbau ist mittelgroß und kräftig. Die Haut ist empfindlicher und heller, die Augen fast immer hellblau bis grau. Die Hände sind schlank, aber mit kräftigen Daumen. Eine große Willenskraft und gleichzeitige Macht ist vorhanden. Die Ursprungskulisse war in Afrika. Die Herausforderung zu diesem schwierigen Typus ist **Wut**. Seine Ausgleichschance ist – **Vergebung**.

Der/die **KämpferIn** ist eine Verkörperung des Vollendungsprinzips Vertrauen. Die Grundenergie ist die des Entdeckens und Eroberns. Eine große Neugier und viel Mut und mentale Kraft stecken in dieser Figur. Rückschläge und Verletzungen heilen schnell und können sie nicht davon zurückhalten, immer wieder neue gefährliche Abenteuer zu suchen. Sie regeln und kontrollieren durch ihren Willen das körpereigene Energieversorgungszentrum, woraus sie ihre hohe Konzentrationsfähigkeit, ihre physische Kraft und ihre Selbstkontrolle beziehen. Bei starken Verletzungen dieser Fähigkeiten geraten sie dort aber auch ganz aus dem Gleichgewicht. Sie verlieren völlig ihr Selbstvertrauen und gehen dann ohne zu zögern auf dem geraden Weg in die Selbstverleugnung. Dann werden sie Gefangene ihres Stolzes. Bei Gefahr sind sie es, die spontan und voller Mut die anderen versuchen zu retten und oft selber dabei ihr Leben lassen. Das fördert natürlich die Überschätzung ihres Spielausdrucks, was ihre größte Schwäche ist. Die körperlich stärkste Figur und gleichzeitig die empfindlichste Verkörperung bei Störungen. Der Grundtypus ist eher klein und wendig, sehr muskulös mit kleinen mandelförmigen

Augen und flachen Nasen, kaum Körperbehaarung und schwarzem Kopfhaar. Er legt besonders Wert auf Einhaltung der Form innerhalb der persönlichen Verhaltensweisen und seines Wohn- und Lebensraumes. Die Form ist ein großer Bestandteil seines Wesens und wird sehr schnell über den Inhalt gestellt. Die Ursprungskulisse ist Lemurien und hat von dort aus erst Asien und dann die ganze bekannte Welt erreicht. Die Herausforderung in dieser Rolle ist der **Stolz**. Die Ausgleichschance ist – **Mut**.

Der/die **PrinzEssin** ist die Verkörperung des manifestierten Ausdrucks des Vollendungsprinzips **Reichtum** und findet in der heutigen Welt eine stark verfremdete Idealisierung durch die Bewunderung der „Reichen und Schönen". Das göttliche Ideal dieser Rolle ist der Ausdruck von reiner Fülle und Lebensfreude. Diese Figur findet und sieht in allem was ist den Reichtum und schafft und macht aus allem Verfügbaren etwas Schönes und Verwendbares. Sie ist mit allem zufrieden und nimmt das, was zu ihr kommt mit Vergnügen an. Sie lebt aus dem heraus, was bereits vorhanden ist und passt sich den verfügbaren Materialen und Situationen an. Sie ist immer mit jeder Lebenssituation einverstanden und hat dabei immer das Bewusstsein von Fülle und Reichtum. Ihre vornehmste Eigenschaft ist die Dankbarkeit, deshalb schöpft sie aus dem Vollen heraus und kann unendlich genießen. Der körperliche Ausdruck ist klein mit zierlichen Gliedmaßen und runden vollen Formen mit samtweicher Haut. Sie hat ausdrucksvolle dunkle Augen und üppiges lockiges Haar. Ihre Hände sind besonders schön mit langen wohlgeformten Nägeln. Der ganze Körper zeigt die Beweglichkeit und Harmonie dieser Manifestation. Sie zeigt wenig bis keinen Ehrgeiz und möchte in Frieden leben. Sie lässt sich ungern in feste Raster und Strukturen pressen und wird dann unzufrieden und maßlos. Sie kleidet sich unkonventionell mit eigenem Stil, ihr Wohnraum muss heimelig und nicht zu strukturiert sein, das macht sie träge. Die Ursprungskulisse ist Südamerika und hat von dort aus die ganze Welt erreicht. Ihre Herausforderung ist – **Gier**.

Der körperliche Ausdruck zur Manifestation des Vollendungsprinzips Schönheit ist der/die **HeilerIn**. Diese Figur lebt im völligen Einklang mit ihren Körpern und der Natur. Sie passt sich von ihrem Lebensrhythmus her dem natürlichen Rhythmus der Jahreszeiten und den Wetterbedingungen an. Sie bezieht die Kraft und Schönheit aus der Quelle der Erde. Sie ehrt und achtet die Pflanzen, Tiere und ihre eigene Art. Sie sät nicht und baut nicht und lebt von dem, was sie auf ihrem Lebensweg findet. Sie verändert auch nichts und formt nichts, für sie ist alles schon perfekt. Eine aus sich selbst heraus heile Verkörperung, die keine Verbesserung benötigt. Der Körperbau ist schmal und langgliedrig, in verschiedenen Größen. Die Haut und die Haare sind unempfindlich und von der Schattierung her weiß bis schwarz. Sie haben eine ausgesprochen gute körperliche Konstitution und aktive Selbstheilungskräfte. Sie haben ein ausgeprägtes Gruppenverständnis und vor jeder Lebensform Achtung und Respekt. Sie weisen niemanden zurück und suchen aber auch nicht nach neuen Kontakten.

Sie leben als Nomaden und bleiben als Gruppe allein für sich. In einer fremden künstlichen Welt verlieren sie ihre Bodenhaftung und damit den Zugang zur Kraft der Erde. Die Ursprungskulisse ist Australien und ist von dort aus wie alle Verkörperungen in die ganze Welt gegangen. Die Herausforderung ist – **Neid**.

Diese Beschreibung der Rollenstrukturen entspricht den Planungsmodellen nach dem göttlichen Ideal. Seit dem ist viel passiert, was den ersten göttlichen Plan verändert hat und deshalb ist in der heutigen Welt keine einzige Verkörperung mehr in ihrem genauen Urtypus anzutreffen. Selbst die Aborigenes in Australien sind durch den Eingriff von Außen in das Spiel der Göttin genetisch verändert. Sie haben die Macht zu ihrer kollektiven Schöpfungsfähigkeit verloren.

Das, was ich in diesem Spiel die Verkörperungsrolle nenne, ist gleichbedeutend mit dem Begriff Ego, wie es im Folgenden immer wieder unter dieser Bezeichnung auftauchen wird.

Wann und warum es zu Vermischungen und Veränderungen dieser Planmodelle gekommen ist und was zu der heutigen Weltsituation geführt hat, dazu werde ich später noch einige Erklärungen geben. Im weiteren Spielplan kommen wir nun zu den einzelnen Kulissen, in denen die sieben Verkörperungen ihre Erfahrungen erleben sollten.

6. Die Erdteile als Spielkulissen

Für die sieben Rollenverkörperungen waren ebenfalls jeweils sieben unterschiedliche Kulissen notwendig, in denen die Lebenserfahrungen gemacht werden konnten. Dafür wurde der gesamte Planet Erde in sieben verschiedene Erdteile aufgeteilt und mit der passenden Vegetation, Tierwelt und Infrastruktur ausgestattet. Jeder Erdteil für sich war entweder durch Wasser oder durch hohe Gebirgszüge voneinander getrennt, damit die Lebensbedingungen wirklich in sich geschlossen blieben und sich auch die einzelnen Verkörperungsmodelle nicht miteinander vermischten. Jeder sollte unter den gleichen Bedingungen von Stärken und Schwächen an diesem Spiel teilnehmen. Eine kurze Schilderung zu den unterschiedlichen Lebensräumen folgt der Übersicht.

Rollentyp	Erdteil	Prinzip
GelehrteR	Atlantis	Weisheit
HerrscherIn	Europa	Freude
KünstlerIn	Asien	Freiheit
PriesterIn	Afrika	Frieden
KämpferIn	Lemurien	Vertrauen
PrinzEssin	Amerika	Reichtum
HeilerIn	Australien	Schönheit

Atlantis – der sagenumwobene verschwundene Kontinent war der erste göttlich erschaffene Lebensraum. Es war eine Welt, die dem natürlichen Lebensraum der jungen Engelseelen am nächsten kam. In diesem Erdteil begann in der

Regel die erste physische Verkörperung auf der Erde, weil die Bedingungen sehr der Heimatwelt glichen und hier in erster Linie mit der Grobstofflichkeit experimentiert wurde. Diese Welt war ausgerichtet auf das Schöpfen und Erfahren von Tonfolgen durch Melodien und durch Farbspiele in Blumen und Kristallen. Alle Bewohner waren medial miteinander verbunden über das kollektive Gesamtbewusstsein, was sich im Mittelpunkt der Städte als großer Diamant befand. Dieser Edelstein fungierte als Verstärker für die Gedankenkraft des Einzelnen. Darüber wurde miteinander kommuniziert und bei Gefahr Hilfe angefordert. Wobei der Begriff Hilfe nur für den Notfall galt, weil auch das Einzelbewusstsein noch völlig mit dem göttlichen Selbst verbunden war, so dass ein Notfall gar nicht eintreten sollte. Die grobstoffliche Nahrung bestand aus Früchten und Samen, getrunken wurde Quellwasser. Der Energiebedarf war niedrig, weil der gesamte Energiehaushalt im Gleichgewicht war durch die optimalen Umweltbedingungen. Regierungen, Behörden oder öffentlicher Schutz war nicht bekannt und unnötig, da keiner der Bewohner Aggressionspotential in sich trug und das Bewusstsein auf das erste kosmische Gesetz, die Großen helfen den Kleinen, ausgerichtet war. Die Gebäude der Städte waren aus Kristall und Marmor gebaut, die durch Gedanken- und Emotionskraft geschaffen wurden. Körperliche Anstrengungen waren nur als spielerische bewegliche Ausdrucksmöglichkeit bekannt und mussten als Arbeitskraft nicht eingesetzt werden. Der Boden bestand hauptsächlich aus vielfarbigem Quarzsand, aus dem die Kristalle hergestellt wurden, die für Haushaltsgeräte und für den Bau benötigt wurden. Für die Umformung großer Marmorquader wurde außer Schöpfungskraft das Sonnenlicht als Energiequelle eingesetzt. Geburt und Tod waren keine schmerzhaften Erfahrungen. Es gab keine Verletzungen oder Krankheiten. Die Geburt eines neuen Wesens war selten und wurde durch die Erdenengel manifestiert und beseelt. Der Einzelkörper blieb sehr lange erhalten und wurde während seiner Lebensdauer von vielen unterschiedlichen Engelseelen bewohnt. Es wurde kein Körper von einer Seele ganz in Besitz genommen, es war wie das Benutzen eines Fahrzeugs. Man stieg energetisch ein in einen Körper, bewohnte ihn einige Zeit und wenn man das Bedürfnis verspürte wieder nach Hause zu gehen, dann konnte man sich mit dem Höheren Selbst verbinden und den Körper verlassen. Man war sich die ganze Zeit seines Spielens und Erfahrens bewusst. Eine wirklich schöne Lebenserfahrung ohne Angst vor dem Tod und Sorgen vor der Zukunft. Das Lernziel war **Weisheit**

Europa – war die erste Kulisse für den Rollentyp des Herrschers. Hier wurde mit dem Zusammenspiel von Geist in Verbindung mit den starken Emotionen der Wahrnehmung als Einzelwesen experimentiert. Das Kollektivbewusstsein wurde reduziert auf den Gemeinschaftssinn und das Interesse an der Gruppe. Körperlicher Einsatz wurde hier verlangt und eine starke Durchsetzungskraft. Was war stärker, der Trieb oder der Verstand. In dieser Welt begann die physische Fortpflanzung. Es wurde aber noch nicht in Paarbeziehungen gelebt, sondern die Menschen schlossen sich in Clans zusammen, die von dem edelsten Paar regiert wurden. Die Ausrichtung des Bewusstseins war absolut an das göttliche Ideal angepasst, aber es gab auch schon mal in einer Rangelei die ein oder andere kleine Verletzung. Es war nötig Regeln zum Zusammenleben aufzustellen. Geburt und Tod waren auch hier keine traumatischen Erfahrungen. Die Geburt war schmerzlos, weil der Urtypus des menschlichen Körpers nur ganz schwach ausgebildete Schmerzrezeptoren hatte. Die heutige empfindliche Form ist später genmanipuliert worden. Wenn ein Mensch, der sich seines Spiels ja bewusst war, wieder gehen wollte, dann ging er in Einsamkeit und verließ seinen Körper mit Bewusstheit. Der leblose Körper wurde danach verbrannt und nicht wieder beseelt, weil es durch die physische Fortpflanzung nicht nötig war. Diese Kulisse hatte zwei Alterszyklen, das Aufwachsen und das Aktivsein. Wenn der Körper seine Spannkraft verlor, wurde er in der Regel wieder verlassen. Die Vegetation war waldreich und fruchtbar. Die Bewohner waren Jäger und Sammler, aber schon sesshaft in Dorfgemeinschaften. Das Klima war angenehm, kaum wahrnehmbare Unterschiede der Jahreszeiten. Die Gebäude bestanden aus Stein und Holz. Es wurde hergestellt, was gebraucht wurde. Die Menschen hatten Freude an der Bewegung und den Tätigkeiten. Das Leben war sorglos. Das Lernziel war **Freude**.

Asien – Die Geburtskulisse des Typus Künstlers. Eine anspruchsvolle und sehr schöpferische Lebensform. Auch hier wird in Gruppen zusammen gelebt, Paarbeziehungen finden sich nur ein, um die Erfahrungen von Vereinigung und Geburt zu erleben. Hier ist eine Welt der Farbenvielfalt und des schöpferischen Ausdrucks durch die Körperlichkeit. Tanz, Bewegung, die Darstellung des Körpers sind Hauptbeschäftigungen. Gesänge, Gedichte, Poesie, dass alles findet hier seine Vollendung. Der Körper wird zum Tempel der Kunst. Artistik, Akrobatik alles hat hier seinen Ursprung. Die gesamte Kraft des Mentalkörpers und des Emotionalkörper werden für die Schöpfung der Materie eingesetzt. Es entstehen in Verbindung mit der Kraft von großen Tieren großartige Bauten und Wohnanlagen. Der Zweck ist dabei unwesentlich, das Schaffen steht im Vordergrund. Die Vegetation ist sehr reich und vielfältig, das Klima ist durchgängig warm, so dass auf Kleidung verzichtet werden kann. Es entstehen in dieser Welt die ersten Tempelanlagen und der Kult von Naturgöttern und Geistern, die Phantasie kennt keine Grenzen. Auch die Küche ist sehr vielfältig und verschwenderisch. Es wird alles ausprobiert und miteinander kombiniert. Auf Fleisch wird verzichtet, weil Tiere mit im Lebensraum als Helfer und Freunde integriert sind. Fisch wird gerne und reichlich gegessen in Verbindung mit Früchten und Samen, die kultiviert und angebaut werden. Das Leben steht unter der Erfahrung **Freiheit**.

Afrika – In dieser Kulisse vereinigen sich die Elemente aus Atlantis, Europa, Asien, Lemurien, Amerika und Australien. Das Wissen aus Atlantis findet hier Anwendung im Bau und in der Kommunikation miteinander. Die soziale Struktur aus Europa bildet das gesellschaftliche Basisgerüst. Die schöpferische Vielfalt aus Asien bereichert die Tier- und Pflanzenwelt. Die Stärke und Willenskraft Lemuriens bringt schnelles Wachstum. Aus Amerika kommt die Genussfähigkeit und die Sinnlichkeit und aus Australien die Schönheit und Harmonie. Es ist eine sehr hoch entwickelte Kultur, die für die Priesterrolle geschaffen wird. In dieser Welt bilden sich die ersten Hierarchien heraus, aber immer noch nach dem göttlichen Vorbild ohne Gewalt und Unterdrückung. Es finden Kampfspiele statt, in denen die Stärke und die Weisheit gemessen wird und aus denen die Sieger als neue Führer der Gemeinschaft herausgehen. Es werden demokratische Regierungen gebildet, um die Vielfalt in eine überschaubare Struktur zu bringen. Es bilden sich Berufsstände und Vereinigungen mit unterschiedlichen Interessen und es kommt zu Konkurrenzverhalten. Gewalt und Kampf oder Kriminalität sind nicht vorhanden, es gibt noch genug Unterscheidungsvermögen, um alle Reibereien und Diskussionen schmerzfrei zu bereinigen. Durch die vorhandenen medialen Fähigkeiten gelingt es immer noch über das Kollektivbewusstsein, den Frieden zu wahren. Es ist eine aufregende und interessante Kulisse, die eine zusätzliche Erfahrung bietet, einen Wachstumszyklus in sieben Schritten. Es wird das erste Mal auch das Altern des physischen Körpers erlebt. Eine Erfahrung zum **Frieden**.

Lemurien – Der zweite geheimnisvolle Kontinent. Hier entsteht der Typus des Kämpfers, der in sich Willensstärke, Kraft und Mut beinhaltet. Auf diese Körperform abgestimmt entsteht eine Welt äußerlicher Regeln und Formen. Mit großer mentaler Kraft wird an Gesetzen für eine Gesellschaftsstruktur gearbeitet. Die Lebensweise ist auf die Gruppe ausgerichtet, unterteilt in weibliche und männliche. Eine Gesellschaft in der das weibliche und das männliche unterschiedlich von einander kultiviert wird. Eine Trennung nach Geschlechter, in der jedes Geschlecht seinem natürlichen Naturell entsprechend lebt und sich den eigenen Lebensraum schafft. Männer und Frauen leben in getrennten Häusern und treffen sich nur für die gemeinsame Paarung. Die Sexualität wird rituell vollzogen nach bestimmten Rhythmen und Zeiten. Die natürlichen Triebe sollen durch den Willen kontrolliert und zurückgedrängt werden. Die Kinder werden in den ersten sieben Lebensjahren von den Müttern erzogen, die nächsten sieben Jahre von den Vätern. Im Alter von vierzehn Jahren werden sie dann wieder nach Geschlechtern geteilt. Eine Paarung darf erst ab dem 21. Lebensjahr erfolgen. Es ist hier noch keine Bewertung der Geschlechterrolle vorhanden, weil auch hier alles nach den idealen göttlichen Gesetzen der Gleichheit ausgerichtet ist, doch tendenziell hat die männliche Form als physisch stärkere die gesellschaftlichen Normvorgaben übernommen. Die klimatischen Bedingungen sind angenehm, nicht zu kalt, nicht zu heiß. Die Vegetation ist fruchtbar, wald- und wiesenreich. Es werden Tiere gezüchtet und gegessen, um den Jagdaufwand zu eliminieren. Die Frauen bauen Getreide an, um Vorräte zu schaffen. Es bilden sich Dorfgemeinschaften, zwischen denen Tauschhandel betrieben wird. Es besteht starkes Interesse an Technik und Konstruktion. Es werden unterschiedliche Maschinen und Fortbewegungsmittel gebaut. Eine Welt zum Prinzip **Vertrauen**.

Amerika – Die Kulisse für die PrinzEssin ist von den natürlichen Lebensbedingungen die reichste und vielfältigste. Die Nahrungsmittel, wie Bananen, Kokosnüsse und Mangos fallen direkt vom Himmel und müssen nur aufgehoben und gegessen werden. Das Klima ist tropisch warm, aber ohne Spinnen, Echsen oder Schlangen. Es werden weder Kleider noch Gebäude benötigt, um angenehm zu leben. Die Blätter der Bäume dienen als Wohn- und Bekleidungsmaterial. Es ist eine märchenhafte Welt dem Typus Prinz entsprechend. Reichtum ist in jeder Form und Weise verfügbar. Die Bewohner leben in Paarbeziehungen dauerhaft zusammen aber auch in Gruppen, gerade so, wie es angenehm ist. Besitzdenken oder Kontrollinstinkte sind nicht vorhanden. Die Beschäftigungen bestehen in dem Bearbeiten von Ton, in dem Schnitzen von Holz und in dem Basteln von Musikinstrumenten. Die Wohnungen sind einfach aber sehr phantasievoll und reich geschmückt, es werden alle natürlichen Materialien miteinander komponiert, aber nicht physisch verändert. Es werden keine Anstrengungen unternommen, die Menschen sind im Fluss mit allem, was zu ihnen kommt. Sie suchen nichts und weisen aber auch nichts zurück und leben im Augenblick. Eine Lebenserfahrung zu **Reichtum**.

Australien – Der Urtypus des Heilers hat hier seine Wiege erhalten. Es ist eine einfache und archaische Welt, die dennoch alles in sich trägt, was benötigt wird. Es ist eine Welt der Gegensätze, in der die Lebensaufgabe in der Aufrechterhaltung des Gleichgewichts besteht. Hier fällt nichts vom Himmel, hier muss der Mensch den Einklang mit der Natur bewusst herstellen und beibehalten, um das Gleichgewicht nicht zu verlieren. Die Verkörperung dieser Rolle ist so anspruchslos wie das Land in dem sie lebt. Die Menschen sind Nomaden und ziehen mit den Jahreszeiten durch das Land. Sie schlafen, wenn es dunkel ist und bewegen sich, solange die Sonne am Himmel scheint. Sie sind wie die Atlanter mit einem Kollektivbewusstsein verbunden, dass sie durch die Steine der Erde miteinander kommunizieren lässt. Sie bauen keine Häuser und tragen als Kleider natürliche Materialien, die sie auf ihrem Weg finden. Sie sind sich zu jeder Zeit darüber bewusst, dass sie in einem Traum leben und diesen Körper, der sie bewegt, als Fahrzeug für ihre Erfahrungen nutzen. Auch sie haben keine geschlechtliche Fortpflanzungsweise praktiziert, sondern immer nur für eine Zeit einen Körper bewohnt. Durch die Selbstheilungskräfte der Natur, waren diese Körper fast unsterblich, weil sie sich immer wieder erneuert haben. Deshalb war die Geburt eines neuen Wesens ein großes Ereignis in dieser Welt und sehr selten. Eine Erfahrung zum Prinzip **Schönheit**.

Während ich von diesen sieben Urkulissen berichte, fühle ich in mir eine tiefe Erinnerung an diese heile Zeit und eine große Sehnsucht, dass unsere Welt der Zukunft wieder so sein möge, wie es der göttliche Plan ursprünglich geschaffen hat.

7. Die Spielregeln werden festgelegt

An dieser Stelle der Spielplanung will ich eine kleine Zwischenbilanz zum Istzustand der Planung machen. Wir haben den geeigneten Spielplatz in unserem Sonnensystem gefunden. Wir haben die Struktur der Dimensionsebenen definiert und die Bedingungen dafür auf den neun Planeten vorbereitet. Wir haben die sieben Ursprungsrollen konzipiert und ihnen einen Lebensraum geschaffen. Wir haben die Lernziele durch die Schöpfungs- und Vollendungsprinzipien festgelegt und wir haben Herausforderungen gewählt, um diese Ziele zu erreichen. Wo es Herausforderungen zu bewältigen gibt, muss es auch Lösungen zur Bewältigung geben. Deshalb werden jetzt zu jedem Prinzip mit der entsprechenden Herausforderung eine Möglichkeit zum Ausgleich, die Ausgleichschance zugeordnet. Hier dazu erst wieder eine Übersicht.

Prinzip	**Herausforderung**	**Ausgleichschance**
Weisheit	Zweifel	Glauben
Freude	Wollust	Hingabe
Freiheit	Geiz	Geduld
Frieden	Wut	Vergebung
Vertrauen	Stolz	Mut
Reichtum	Gier	Dankbarkeit
Schönheit	Neid	Respekt

Die Vollendung eines Prinzips ist dann erreicht, wenn alle Facetten und Spielmöglichkeiten erfahren, verstanden und in Lebenssituationen durch praktisches Handeln richtig umgesetzt wird. Um das göttliche Ideal zu verstehen, muss ich für das Vollendungsprinzip, die Herausforderung und die Ausgleichschance eine einheitliche Terminologie schaffen, damit es nicht zu sprachlichen Verwirrungen kommt. Die Sprache ist ein sehr eingeschränktes und missverständliches Medium zur Kommunikation, da wir nur das verstehen, was in unserem individuellen Vokabular mit einer entsprechenden emotionalen und mentalen Resonanz zusammenpasst, die sich dann zu einem Bild in unserem Geist zusammensetzt, was wir abrufen können und dadurch verstehen. Haben wir diese passende Resonanz nicht in uns, bleibt unser geistiger Bildschirm leer und wir verstehen nichts.

Deshalb will ich zuerst die göttliche Definition zu den einzelnen Begriffen erläutern.

Was ist **Weisheit?** Damit soll verstanden werden, das Unterscheidungsvermögen zwischen Licht und Dunkelheit, Egozentriertheit und Selbstverwirklichung, Arroganz und Selbstsicherheit, zwischen Selbstvertrauen und Hochmut, Selbstverleugnung und Demut und zwischen Glauben und Dummheit. Es geht dabei nicht um das Verstehen von intellektuellen Inhalten nach menschlichen Bewertungen, sondern um das Erkennen der Wahrheit und die Analysefähigkeit nach der Ausrichtung von höherer, göttlicher Sichtweise aus betrachtet, immer dem Ganzen dienend und nicht nach den egoistischen Bedürfnissen Einzelner oder Weniger. Um Weisheit zu verinnerlichen, zu verstehen und weise zu handeln bietet die Herausforderung

Zweifel ein großes Lernfeld, das zuvor bearbeitet und überwunden werden muss.

Welche **Zweifel** werden erfahren? Damit sollen in erster Linie die Selbstzweifel über unsere göttliche Herkunft und die Heiligkeit und Unversehrtheit unseres göttlichen Selbst verstanden werden. Wir müssen unseren Zweifel gerade dann überwinden und unser Erinnerungsvermögen auf das göttliche Licht der Liebe ausrichten, wenn wir mit Lebenssituationen konfrontiert werden, die unseren Vorstellungen von göttlicher Ordnung und Harmonie nicht entsprechen. Wir dürfen unsere Wahrnehmung für das Spiel nicht verlieren und uns nicht mit dieser Rolle, in der wir unsere Erfahrungen machen, so identifizieren, dass wir das Ego über unser göttliches Selbst stellen.

Welcher **Glauben** wird erwartet? Der Glauben an die Liebe und das Licht in Dir Selbst. Das ist die Grundlage allen Glaubens. Denn Du wirst zu dem, an was Du glaubst. Glaubst Du an die Liebe, so wirst Du zur Liebe. Glaubst Du an den Hass, dann wirst Du zu Hass. Das ist das Gesetz der göttlichen Ordnung. Du wirst zu dem, was Du glaubst zu sein. Glauben ist die beständige Ausrichtung Deines Bewusstseins auf das Licht der Liebe in Dir. Wenn auch die Welt in Asche fällt, so brennt beharrlich das Licht in Dir unberührt davon und gibt Dir Schutz und Wärme.

Was ist **Freude**? Die Freude an allem was ist. Am Spiel der Schöpfung teilzunehmen, sich zu erfahren als

Einzelwesen im individuellen Rollenspiel. Wir sehen wie sich die Gedanken mit Emotionen verbinden und erfahren, wie sich diese Schöpfungen in Handlungen manifestieren und erleben Glücksgefühle darin. Freude entsteht in der tiefsten Ebene unserer Seele in unseren Herzen und macht aus Alltagshandlungen heilige Zeremonien. Freude hat keine Vorlieben und keine Abneigungen, Freude ist einfach ein natürlicher Bestandteil des Göttlichen in uns Selbst.

Was ist **Wollust**? Das ist die Lust am Wollen. Das Streben danach, das zu erhalten und zu erreichen, was wir uns vorgenommen haben. Wollust wird geboren im Ego durch die Erfahrung etwas Besonderes zu sein oder zu leisten und sich dadurch erheben zu können aus der Masse der Menschen. Eine Verstärkung des Ich will. Wollust ist immer getragen von individuellen Vorteilen des Einzelnen oder von Wenigen, die sich zu einer Elite machen wollen. Jede Form von Machtstreben ohne Rücksicht auf die Gesamtheit, ist pure Wollust.

Was ist **Hingabe**, wem oder was müssen wir uns hingeben? Wir sollen uns bei allen unseren Handlungen nicht mit dem Ziel, dem Ergebnis verbinden, auf das unsere Handlung ausgerichtet ist, sondern uns ganz der Handlung selbst hingeben. Unser Agieren, unsere Tätigkeiten sind nur dann von Freude getragen, wenn wir an der Tätigkeit, an der Bewegung selbst uns erfreuen und nicht etwas tun, um etwas Bestimmtes zu erreichen. Aus dieser Haltung heraus, die Aktion oder Tätigkeit mit ganzem Herzen zu tun und die Erwartung auf eine Belohnung oder eine Anerkennung von außen hinzugeben, dadurch entsteht natürliche Freude in uns und wir erreichen unsere Ziele spielend.

Was bedeutet **Freiheit**? Frei zu sein von Vorstellungen und Erwartungen wie wir und unser Leben zu sein haben, um glücklich zu sein. Wenn wir uns mit Lebensumständen und Bildern identifizieren, begrenzen wir uns selbst. Je stärker diese Vorstellungen werden, um so kleiner wird die Welt, in der wir uns bewegen können. Freiheit entsteht zuerst in unseren Gedanken, die sich zusammensetzen zu Bildern, die Glücks- oder Angstgefühle in uns auslösen und sich so in unserem Emotionalkörper einnisten und uns von dort aus dirigieren. Davon sollen wir frei werden, um uns jederzeit in Freiheit für das entscheiden zu können, was sich gerade im Leben für uns anbietet.

Wie entsteht **Geiz** in uns? Wir geizen mit unseren Reizen, das ist ein Volksspruch und er beinhaltet so viel Weisheit. Genau das ist damit gemeint. Wir zeigen nicht, was wir besitzen, können, fühlen, erleben. Wir teilen nichts mit anderen und geben nichts ab. Aber im Grunde bestrafen wir uns nur selber damit. Der andere dreht sich einfach um und geht weg. Wir bleiben aber allein mit unserer Armut in uns. Geiz ist ein sehr autoaggressives Verhalten, das daraus entstanden ist, weil unsere Erwartungen und Vorstellungen von uns und unserer Welt nicht erfüllt wurden. Wir haben uns im Kern einfach nur dem Schicksal verweigert, das hat uns arm und geizig gemacht. Ein wahrer Teufelskreis, der schwer zu durchbrechen ist, weil wir uns so lange verweigern wollen, bis sich unsere Wünsche erfüllen. Ein sehr aussichtsloses Unterfangen, weil es sich nicht erfüllen kann. Das eine bedingt das andere. Wir müssen uns erst wieder öffnen, um auch wieder empfangen zu können.

Warum brauchen wir **Geduld**? Wir benötigen Geduld, um uns aus der Begrenzung von Geiz zu befreien. Wir müssen erst alles erdulden, was uns das Schicksal durch unsere eigenen Schöpfungen bringt, um die Erfahrung zu machen, dass wir nicht wirklich etwas verlieren, wenn wir das Schicksal annehmen. Geduld meint einfach nur das anzunehmen, zu erdulden, was zu uns kommt und es nicht wieder zurückzuweisen. Durch diese Haltung verbinden wir uns allmählich wieder mit der Freiheit unseres Selbst und wir erfahren mit Erleichterung, das wir uns wieder ausweiten und sich die Grenzen in uns auflösen können.

Was bedeutet **Frieden**? Frieden ist der höchste Zustand, den ein menschliches Wesen erreichen kann. Er ist der absolute Ausgleich in uns selbst und die Aufhebung der Dualität. Wenn Frieden in uns entstanden ist, verlieren Freiheit, Freude, Weisheit, Vertrauen, Reichtum und Schönheit ihre Bedeutung für uns und entstehen ohne Anstrengung ganz natürlich in uns. Frieden entsteht durch den Ausgleich, die Aussöhnung zwischen unserem Ego und unserem Höheren Göttlichen Selbst. Dann ist nichts mehr zu suchen und nichts mehr zu tun. Wir haben unsere Reise beendet, das Lernziel erreicht, die Prüfung bestanden.

Was geschieht durch **Wut**? Wut entsteht durch Hilflosigkeit. Hilflos werden wir dann, wenn wir unseren Willen und unsere Macht für egozentrierte Ziele missbraucht haben und wir ein Diener unseres Egos geworden sind, dann verweigert uns das Höhere Selbst unsere Schöpfungsfähigkeit, damit wir nicht noch mehr Schaden anrichten können und zwingt uns durch Schicksalsschläge wie Krankheit, Armut oder Einsamkeit zur Einkehr nach Innen. Das erzeugt in uns Hilflosigkeit und das wiederum immer mehr Wut. Mit jedem Wutanfall verschließt sich die Tür in unserem Herzen und die Abtrennung wird immer stärker. Der entscheidende Schritt ist das Klopfen an diese Tür durch Beten und Bitten und das Anerkennen der Hilflosigkeit. Dann kann die Wut gehen und Hilfe kommt durch die Gnade der Vergebung.

Wem und was müssen wir **vergeben**? Als erstes müssen wir uns selbst für unsere Wut vergeben. Das Vergeben unserer Schuld, ist das Anerkennen unserer Verantwortung für unser Schicksal. Wir erkennen damit an, dass wir selber der Verursacher unserer Lebensumstände sind und klagen nicht mehr im Außen an. Wenn wir also der Verursacher unserer Schuld, unserer negativen Lebensumstände sind, so sind wir auch fähig unser Leben positiv und mit Liebe zu gestalten. Nimm Dich mit Liebe selber an und glaube an die Liebe dann verändert sich Deine ganze Welt und wird zur Liebe.

Wem müssen wir **vertrauen**? Vertrauen entsteht aus dem Gefühl von Sicherheit und Schutz. Haben wir diese Sicherheit nicht in uns, können wir kein Vertrauen haben. Wir müssen also nur uns selber vertrauen. Dieses Selbstvertrauen kann nur aufrecht erhalten werden, wenn wir den Zugang zu unserem Selbst geöffnet halten und bei unseren Entscheidungen und Handlungen auch wirklich auf die Stimme in uns hören und uns danach verhalten. Diese feine mahnende Stimme in uns ist nur leider oft nicht mit den egoistischen Wünschen in uns einer Meinung und so passiert es sehr häufig, dass wir nicht hören, weil die Mahnung nicht zu unseren Plänen passt. Ignorieren wir diese Stimme zu oft, verschließt sich auch hier die Tür zum Höheren Selbst und wir verlieren den Schutz und die Sicherheit daraus. Dann beginnt die Angst in uns zu wachsen und wir suchen nun die Sicherheit im Außen.

Was ist falsch an **Stolz**? Stolz ist in dieser heutigen Welt ein sehr positiv besetztes Wort. Ehre und Stolz sind in unserer auf Konsum ausgerichteten Welt eine sehr erstrebenswerte Eigenschaft. Wir sind stolz auf das, was wir haben und fühlen uns geehrt, dass wir so Besonders sind. Stolz ist die Energie, aus der das Ego gebaut ist, eine Kunstfigur. Mit Stolz machen wir uns zu einer Marionette unserer eigenen Spielfigur. Wir verlieren uns in der Rolle, in der wir gerade unsere Erfahrung machen. Das bedeutet, wir identifizieren uns mit dem Anzug, dem Kleid, das wir gerade tragen und geraten in Hysterie und Scham, wenn dieser Anzug einen Fleck bekommt, dann glauben wir uns beschmutzt zu sein. Ziemlich verrückt diese Vorstellung, aber nichts anderes ist unser Stolz. Verlieren wir doch lieber, das was wir haben und beginnen wir uns zu lieben, für das was wir sind. Wir waren, wir sind und wir werden wieder großartige göttliche Wesen, die hier in kleinen engen Kostümen und Welten die Materie erfahren. Stolz lässt uns die Wahrheit über uns Selbst völlig vergessen, deshalb müssen wir uns davon lösen.

Wofür benötigen wir **Mut**? Wir benötigen den Mut, um in dieser Welt anders sein zu können, als es uns von den Mächtigen dieser Welt vorgeschrieben wird. Wir brauchen sehr viel Mut, um uns aus diesem Rollenkostüm zu lösen und einen Schritt weiter zu gehen und hinter diese Rolle zu schauen. Zwischen Stolz und Mut liegt das Ego, das uns nicht gefällt, weil es uns quält und unglücklich macht. Aber trotzdem gibt es uns Sicherheit, weil wir es kennen und einschätzen können. Das göttliche Selbst haben wir verloren, wir spüren die Sehnsucht danach und fühlen uns aber auch schuldig an dem Verlust. Diese Schuldgefühle können wir überwinden, indem wir den Mut fassen über die Schwelle des Unbekannten zu treten und hinter die Fassade des Egos zu schauen und werden dann erleichtert erkennen, dass die Strafe und die Vergeltung, die wir erwartet haben, ausbleibt und wir dort einzig wärmende Liebe und erhellendes Licht vorfinden.

Was für ein **Reichtum** erwartet uns? Reichtum in jeder Form der Schöpfung. Materielle Besitztümer, geistiges Wissen, Kreativität, Fröhlichkeit, alles was wir uns vorstellen können, kann das unsere sein. So wie es keine geistige oder emotionale Begrenzung gibt, so gibt es auch keine Begrenzung für den Reichtum in der Materie. Armut beginnt im Kopf und endet in der Materie. Genauso beginnt der Reichtum im Kopf und setzt sich fort bis in die Materie von Geld und Gut. Ein spirituell ausgeglichener heiler Mensch ist auch auf der materiellen Ebene versorgt. Da er aber in der Regel wenig Gedankenkraft in die materielle Versorgung oder in den Besitz materieller Güter lenkt, ist es im Außen nicht unbedingt zu sehen. Er könnte, wenn er wollte, aber in der Regel fehlt ihm das Interesse daran. Er hat alles was er benötigt und dafür ist er dankbar. Er hat den Frieden in sich verwirklicht und keine Wünsche mehr.

Was ist **Gier** und warum schadet sie? Gier ist neben Stolz die zweite große Krankheit unserer Zeit. Sie wird gefördert durch die Konsumgesellschaft und mit Erschrecken kann man sehen, wie sich die Verarmung auch in der westlichen Welt Schritt für Schritt manifestiert. Gier entsteht in der Unzufriedenheit mit dem, was jetzt vorhanden ist. Jeder Gedanke von nicht genug, könnte besser sein oder was soll noch werden, in Verbindung mit Angst zieht unweigerlich die Armut an. Da jeder Gedanke das Bestreben hat, sich zu manifestieren und der Zeitgeist auf Zukunftssorgen und Altersarmut ausgerichtet ist und dazu noch gefördert wird durch Medien wie Zeitung und Fernsehen, kann ein Einzelner sich aus dieser Flut von Massenmanipulation gar nicht retten. Wer immer mehr und mehr haben will und nicht das achtet, was er hat, hat keine Chance auf Reichtum, weder innerlich noch äußerlich. Auf diesen Menschen warten Armut, Kälte und Hoffnungslosigkeit.

Warum **Dankbarkeit** der Schlüssel zum Reichtum ist! Dankbarkeit ist die Garantie für noch mehr Reichtum. Jeder Gedanke zieht einen gleichen Gedanken an. Wer dankbar das vielleicht „Wenige" annimmt und glücklich ist darüber, ist morgen ganz sicher um einiges reicher. Wer im Bewusstsein von Dankbarkeit sein Leben führt und mit dem zufrieden ist, was er erhält, kann gar nicht leiden oder unglücklich sein. Wer das einmal verstanden hat und diesen Grundsatz in seinen Gedanken, Gefühlen und Handlungen umsetzt, wird in wunderbarer Weise aus der Armut heraus gehoben und direkt in die Sicherheit von Reichtum und Glück getragen. Versuche es einmal und sende jeden Tag ein Dankgebet in den Kosmos.

Was ist **Schönheit**? Gemeint ist nicht die Schönheit, die im Auge des Betrachters entsteht. Diese Schönheit unterliegt dem Zeitgeist und den individuellen Vorlieben oder Abneigungen. Mit wahrer Schönheit ist die harmonische Einheit von Körper, Geist und Seele gemeint. Ein gesunder und vitaler Körper mit einem klaren Geist, der die Seele inspiriert zu Schönheit und Wohlbefinden. Reine Schönheit spiegelt ein Bewusstsein wider, das in jedem Ausdruck der Schöpfung, egal in welcher Form und Farbe, sei es Mensch, Tier oder Pflanze, die vollendete Harmonie des Göttlichen erkennt.

Was verursacht der **Neid**? Neid ist die Ursache von Krankheit, Schwäche, Ablehnung, Eifersucht und Konkurrenzdenken. Neid entsteht dadurch, dass wir keinen

Respekt und keine Achtung vor uns selbst, unserem Körper, unseren Fähigkeiten und unserer Schönheit haben. Wir mögen uns nicht so, wie wir sind. Weil wir uns selber nicht mögen, suchen wir dann im Außen nach den Fehlern der anderen, damit wir nicht allein so mangelhaft sind. Wir erhöhen uns durch die Schwäche des anderen. Wie armselig, wir schielen voller Missgunst auf den Nachbarn, die Kollegin, die Schwester, den Bruder, auf den Rest der Welt, der es doch auf den ersten Blick so viel besser hat als wir. Damit nicht genug, beginnen wir dann mit unserer Bewertung, um mit Genugtuung festzustellen, dass auch die anderen schlecht und mangelhaft sind, vielleicht sogar noch etwas mehr als wir selbst. Die Konsequenz dieser Geisteshaltung raubt uns allmählich und stetig die eigene Kraft, die eigene Gesundheit und letztlich wirklich unsere Schönheit. Wir sind aus der Balance geraten und werden physisch krank.

Warum ist **Achtung und Respekt** so wichtig? Durch Achtung und Respekt verbeugen wir uns vor der göttlichen Harmonie und Schönheit, wir verbeugen uns vor uns Selbst. Wenn wir nichts ausschließen und allen Formen der Schöpfung mit Achtung begegnen entwickelt sich in uns auch automatisch eine Achtung vor der Schönheit unseres eigenen Körpers und unser Körper manifestiert dieses von uns ins Leben gebrachte Bild und antwortet mit einem gesunden und harmonischen Körper. Wir erhalten unsere Gesundheit durch die Selbstheilungskräfte, die wir durch unsere positive Schöpfungskraft aktiviert haben. Für Gesundheit und Schönheit ist die Selbstachtung der erste Schritt.

Diese einundzwanzig Grundsätze sind die wichtigsten Regeln dieses Spiels. Das gesamte Karmagesetz beruht auf diesen Ursachen und Wirkungen. Mehr zu Karma, was es bedeutet und wie es innerhalb dieses Spiels wirkt, werde ich im Spielverlauf besser erklären können.

8. Der Spielverlauf nimmt Formen an

Was bedeutet Karma überhaupt? Karma ist ein Sanskritwort und bedeutet so viel wie Rad des Lebens und bezeichnet die immerwährende Wiederholung des Lebens durch die Summe unserer Gedanken, Emotionen und Handlungen. Wir erschaffen uns durch unser unentwegtes Schöpfen einfach mehr, als wir in der aktuellen Inkarnation abtragen können, deshalb bleiben wir in diesem Rad gefangen, es fehlt uns der Ausgang aus diesem Spiel. Karma spielte im ursprünglichen Plan der Göttin keine große Rolle, weil keiner der Spieler unüberwindliches Karma aufbauen konnte, da er durch die Verbindung zu seinem Selbst sofort aufmerksam gemacht wurde, wenn er sich gedanklich, emotional oder in seinen Handlungen in eine bedrohliche Richtung bewegte. Die Bewertung von Karma unterliegt nicht einer willkürlichen subjektiven Bewertung im Außen, sondern wird durch ein automatisches Programm registriert und aufgezeichnet. Diese Programme befinden sich bei allen Planeten, Erdteilen oder Menschen im Äetherkörperbereich des Herzchakras, der Akashachronik. Jeder Gedanke, jede Emotion und jede Handlung wird sowohl in der Akashachronik eines Individuum als auch in der Akashachronik des Planeten aufgezeichnet, in der sich das Individuum zum Zeitpunkt dieser Erfahrung befindet. An diesen Programmen können keine Veränderungen vorgenommen werden. Alles geschieht nach Ursache und Wirkung, beruhend auf den Grundsätzen der zweiundzwanzig Karmagesetze. Einundzwanzig dieser Grundsätze sind bereits beschrieben worden, das wichtigste ist das zweiundzwanzigste, weil es die Wirkung von Karma beschreibt in Verbindung mit anderen Lebewesen. Alles, was wir einem anderen Lebewesen zufügen, ob gut oder schlecht, bleibt als Erinnerung in unserem Mentalkörper, Emotionalkörper und physischen Körper eingeprägt, und zwar über die aktuelle Lebenserfahrung hinaus bis es ausgeglichen ist. Wir tragen niemals Erfahrungen als Opfer über die aktuelle Inkarnation hinaus in uns, sondern immer nur Erfahrungen als Täter. Wir tragen die Erfahrungen in uns, die wir als Täter verursacht haben in uns und unseren Opfern durch die gleiche Tat. Die Definition zur Täterschaft liegt dabei in unserem Bewusstsein zur Handlung, unserer Absicht. Ist unsere Absicht von Liebe getragen, ernten wir die Früchte der Liebe. Ist unsere Absicht von Wollust getragen, ernten wir Früchte von Gewalt. Dieses wichtigste Karmaprinzip ist ein wahrer Spiegel der göttlichen Ordnung und Gerechtigkeit, die alles im Gleichgewicht hält und bei der Irrtümer oder Zufälle ausgeschlossen sind.

In Notfällen können natürlich die Erzengel mit ihren Energien in einzelnen Zuständigkeitsbereichen eingreifen, auf das Karmaprogramm selber mit der Auswirkung auf die Materie können nur die Muttergöttin und Gottvater Einfluss nehmen oder Veränderungen vornehmen. Um das gesamte Spiel besser zu verstehen, werde ich den Verlauf eines Inkarnationszyklus vom Beginn bis zum Ende beschreiben. Ein junger Engel meldet sich für einen Inkarnationszyklus in diesem Planetensystem an. Dafür muss er mindestens zwölf Jahre alt sein und die Erlaubnis seiner Eltern besitzen. Er begibt sich dafür auf eine der Außenstellen dieses

Planetensystems, die ein Dimensionstor zu der Spielwelt besitzen, z. B. den Saturnmond Titan oder den Jupitermond Ganymed. Hier befindet sich ein „Garten der Träume", eine technische Einrichtung, von dem aus das Spiel überwacht und der Träumer beschützt wird. Um in diese Kunstwelt einzusteigen, wird der Teilnehmer in einen schlafähnlichen Zustand versetzt und über seine Gehirnfrequenz mit dem Spielprogramm verbunden, das seinen genetischen Code auf eine ausgewählte Spielfigur überträgt. Diese Spielfigur verschmilzt völlig mit dem sie beseelenden Höheren Selbst des Träumers und glaubt sich als unabhängiges Einzelwesen. Der Spieler erlebt diese Zeit wie einen Wachtraum. Innerhalb der einzelnen Traumsequenzen wird durch die Spielfigur ein ganzes Leben erfahren und im Anschluss daran zieht sich die Energie des Träumenden aus der Spielfigur zurück und wacht wieder auf. Für den Träumenden ist nicht mehr als eine Stunde vergangen. So verhält es sich auf den Ebenen neun, acht, sieben und sechs. Der Spieler steigt in das Spiel ein und steigt wieder aus und zwischen jedem Ein- und Ausstieg wird er auf seiner physischen Ebene immer wieder wach. Das ist sehr wichtig für den Lernverlauf, dass zwischen den einzelnen Erfahrungen in der Gruppe darüber gesprochen wird. Besonders, weil ab der Ebene fünf die Gruppe aufeinander angewiesen ist, weil ab hier das Gruppenspiel beginnt. Ab der Ebene fünf erhöht sich der Schwierigkeitsgrad insgesamt um ein Vielfaches, weil der Träumer zwischen den einzelnen Traumsequenzen nicht wieder in den Wachzustand zurück geht, sondern in einen ganzen Inkarnationszyklus von mindestens sechsunddreißig bis höchstens neunundvierzig Einzelerfahrungen eintritt, der von der spirituellen Gesamtebene aus stattfindet. Das bedeutet, zwischen den einzelnen Inkarnationen verbleibt der Träumer auf der spirituellen Gesamtebene. Nach neunundvierzig Inkarnationen wird ein Sicherheitssystem aktiviert, das den Träumenden aus dem Spiel herausholt, egal in welcher Situation er sich auch befindet, er beendet dann seinen Zyklus und wacht auf. So war es jedenfalls ursprünglich geplant.

Ab der Ebene fünf, der spirituellen Gesamtebene beginnt die physische Verkörperung. Auf jeder Ebene soll mindestens eine Erfahrung gemacht werden in den sieben Vollendungsprinzipien, sowie mindestens eine männliche und eine weibliche Inkarnation erlebt werden. Das ergibt zusammen mindestens vier mal neun, also sechsunddreißig. Neunundvierzig ist die Höchstzahl von Inkarnationen, die ein Spieler erfahrungsgemäß ohne Schaden zu nehmen hintereinander durchlaufen kann.

Unser junger Engel hat also die ersten vier Ebenen gut durchlaufen und die Lernaufgaben alle bewältigt und will nun in die spirituelle Gesamtebene eintreten, um einen gesamten physischen Zyklus zu durchlaufen. Voraussetzung dafür sind zuerst die bestandenen Lernebenen neun, acht, sieben und sechs sowie das Alter von vierzehn Jahren und die Erlaubnis der Eltern und der Muttergöttin als oberste Spielleiterin. Es werden für physische Inkarnationen nur die Edelsten zugelassen. Die Aufnahmebedingungen sind erfüllt und es wird eine Gruppe zusammengestellt, die aus insgesamt neun Lichtengeln, neun Herzengeln und drei begleitenden Lehrern bestehen, insgesamt einundzwanzig Teilnehmer. Jeweils ein Herzengel und ein Lichtengel bilden ein Paar, sie bleiben während des ganzen Spiels miteinander verbunden und müssen sich zum Ende des Spiels treffen, um das Weibliche und das Männliche gegenseitig ins Gleichgewicht zu bringen. Jedes der neun Paare übernimmt die Verantwortung für die Erfüllung von jeweils einem Vollendungsprinzip einschließlich der zwei göttlichen Prinzipien von Licht und Liebe. Während der Inkarnationen bleiben zwei Lehrer im Garten der Träume zur Beobachtung und ein Lehrer geht mit in den ganzen Traumzyklus der Gruppe und bleibt auf der spirituellen Gesamtebene. Er hält von dort aus die Verbindung zur Gruppe auf den Spielebenen und zu den zwei anderen Lehrern auf der Wachebene. Er behält während des gesamten Spiels sein volles Bewusstsein. Er fungiert als Schutzengel für die Gruppe und gibt von der spirituellen Gesamtebene aus Unterstützung. Die achtzehn Engel machen gemeinsam ihre Lebenserfahrungen.

Nach jeder Erfahrung verlassen sie ihre Spielkörper und kehren zur spirituellen Gesamtebene zurück. Dort tauschen sie das Gelernte aus und gleichen sich auch karmisch miteinander aus, damit die gesamte Gruppe nicht in Gefahr gerät. Wie ich bereits mehrmals betont habe, war jeder Spieler während seiner Lebenserfahrungen doppelt beschützt. Dieser Schutz bestand erstens durch eine Verbindung zum Lichtchakra des Spielkörpers, die sich am Hinterkopf befindet. Dort treten Lichtimpulse aus der Schutzebene ein und lenken den Gedankenstrom der Spielfigur in die sichere göttliche Richtung. Zweitens besteht über das spirituelle Herzchakra eine weitere Sicherheitsleitung die, solange das Herzchakra auf göttliche Liebe ausgerichtet bleibt, über den Liebesimpuls die Handlungen so korrigiert, dass keine karmische Überlastung eintreten kann.

Wenn alle achtzehn Spieler ihre Aufgaben bewältigt haben und die Lernziele erreicht haben, wird das Spiel beendet und alle verlassen gemeinsam diese Welt und wachen in der Realität auf.

9. Die Innovation von Luciael

In der beschriebenen Version wurde über eine lange Zeit den jungen Engeln in spielerischer Weise ihre Schöpfungsfähigkeiten vermittelt und es schaffte Frieden zwischen den Generationen. Durch die Selbsterfahrung der Dualität hat jedes Wesen im Kosmos die Grundsätze der göttlichen Ordnung respektiert und die Autorität des Schöpferpaares anerkannt. Bis vor nicht zu langer Zeit nach kosmischer Zeitrechnung Luciael, der erste Lichtengel eine Innovation dieses Spiels entwickelt hat und es dem Planungsgremium zur Prüfung vorgelegt hat. Das war der Beginn der ersten Auseinandersetzung zwischen Gottvater und der Muttergöttin, die über diese neue Spielvariante ihres Sohnes unterschiedlicher Meinung waren. Zum besseren Verständnis hier eine Beschreibung der Innovation von Luciael.

Die Innovation bezog sich im wesentlichen auf den zweiten Teil des Erfahrungsspiels, auf die physische Verkörperung ab der fünften Ebene, der spirituellen Gesamtebene. Dabei war die wichtigste Veränderung der Einsatz von Teilaspekten des einzelnen Spielers, der damit in nur einer einzigen Traumsequenz alle neun Prinzipien und alle vier Ebenen gleichzeitig erleben konnte, ohne dass er sechsunddreißig Mal auf die spirituelle Gesamtebene zurück musste. Die Inkarnationszahl reduziert sich damit auf vier. Jeder der sechsunddreißig Teilaspekte durchlief vier Einzelinkarnationen auf vier Zeitschleifen und hatte dann alle einhundertvierundvierzig Varianten des Spiels durchlaufen.

Auf den ersten Blick faszinierend einfach. Ein Spieler überträgt zu Beginn des Spiels sechsunddreißig Teilaspekte von sich selbst auf jeweils neun Spielfiguren der vier Ebenen, also neun mal vier. Dann wählt er im Vorfeld für jeden der sechsunddreißig Einzelfiguren nochmals vier Spielkulissen in vier unterschiedlichen Zeitzyklen aus und beginnt seinen Traum. Damit kürzt er seine gesamte Traumzeit auf eine sehr kleine Zeitspanne ab und hat trotzdem alle einhundertvierundvierzig Erfahrungen dieses Spiels in sich verinnerlicht, weil die gesamten Erfahrungen seiner Spielfiguren in seinem eigenen Erinnerungsspeicher gesammelt werden und er darauf zurückgreifen kann und dadurch in kurzer Zeit ein großes Lernprogramm bewältigt hat.

Das Risiko liegt in dem Tiefschlaf des Träumers bei dieser Form der Erfahrungen. Während bei der ursprünglichen Variante der Träumer durch die direkte Verbindung zur Spielfigur dessen Erfahrung miterlebt und durch Licht- und Liebesimpulse selber Einfluss auf den Spielverlauf nehmen konnte, war dies in der neuen Variante nicht möglich, weil sich die sechsunddreißig Teilaspekte völlig unterschiedlich in ihrer Entwicklung verhielten, was den Spieler im Wachtraum in Verwirrung bringen konnte. Deshalb musste der Spieler jetzt in Tiefschlaf versetzt werden und die Überwachung und die Korrektur der einzelnen sechsunddreißig Spielfiguren wurde durch ein Kontroll- und Korrekturprogramm übernommen, das selbsttätig alle einhundertvierundvierzig Inkarnationen überwachte. Er war abhängig von dem fehlerfreien Ablauf des Programms. Der Träumer konnte nicht selber in das Spiel eingreifen, weil sein

Bewusstsein in dieser Zeit gelähmt war. Dieses Handicap war nach den Maßstäben der Muttergöttin, für die der freie Wille des Spielers die oberste Priorität besaß, einfach zu groß und entsprach auch nicht mehr der Ursprungsidee dieses Spiels. Für sie war dabei nicht mehr das Lernziel, die jungen Engel zur Eigenverantwortlichkeit ihrer Gedanken, Emotionen und Handlungen durch Selbsterfahrung zu erziehen, gegeben. Diese Innovation Luciaels war sicherlich spannend und auf neue Abenteuer ausgerichtet, auch technisch gut durchdacht und sparte Personal und Zeit, aber es war nicht erprobt und sehr risikoreich. Was war bei technischem Versagen oder unvorhergesehen Eingriffen von Außen?

In der Diskussion über Pro und Kontra zu Luciaels Vorschlag bildeten sich zwei Fronten. Angeführt durch die Begeisterung von Gottvater waren Baael, Raphael, Uriel und Gabriel für den Einsatz dieser Innovation, dagegen waren die Muttergöttin, Michael und Sandalphon. Nach langem Hin und Her setzte die göttliche Mutter durch ihre Macht dem Ganzen ein Ende und entschied gegen die Innovation von Luciael. Das war das erste Mal, dass die Muttergöttin ihrem geliebten Sohn ihre Macht als Schöpfergöttin demonstrierte und sie gegen seinen Willen einsetzte.

Gottvater bedauerte diese Entscheidung und respektierte sie. Luciael aber wurde mit der Erfahrung dieser ersten Ablehnung seiner bisher so gelobten geistigen Schöpfungen nicht fertig. Als der erste Erzengel der göttlichen Eltern wurde sein Wille bisher stets auch in Schöpfungen umgesetzt, er war bisher noch nie auf Widerspruch gestoßen, schon gar nicht bei seiner Mutter, die immer bemüht war seine Wünsche zu erfüllen. Er fühlte sich wirklich zurückgestoßen und nicht gewürdigt. Wie viel Zeit und Geisteskraft hatte er bisher für das Projekt seiner Mutter, die dieses Spiel ins Leben gerufen hatte, investiert. Dieses ganze Projekt war nur durch seine Hingabe und seinen großen inspirativen Willen zu dem geworden was es heute war. Keiner der anderen Erzengel war so mit diesem Erfahrungsspiel verbunden wie er. Es war in Wirklichkeit seine Schöpfung. Baael, Michael, Raphael, Uriel, Gabriel, alle führten doch nur aus, was er in seinen geistigen Flügen erdachte und ersann.

Stolz mischte sich mit Wut und Wollust und Luciael begann sein Unterscheidungsvermögen ganz allmählich zu verlieren und baute in sich ein Feindbild auf, das langsam aber stetig das Aussehen seiner Mutter, der Muttergöttin, bekam. Er arbeitete weiter an seiner Innovation, verbissen verbesserte er seine Idee und führte sie, seiner Meinung nach, zur Perfektion. Er gewann als erstes seine Schwester Baael für seine Pläne, die ihm schon immer mit großer Liebe und Bewunderung auf allen Wegen gefolgt war. Baael half ihm bei der technischen Umsetzung seiner Pläne und gab ihm den Schlüssel, um das neue Programm in das bestehende unbemerkt zu integrieren. Als die technischen Bedingungen vollendet waren, lud Luciael die jungen Engel zwischen zwölf bis vierzehn Jahren zu Vorträgen und Versammlungen ein, um sie von seinen Ideen zu überzeugen. Er war ein sehr überzeugender Redner mit charismatischer Ausstrahlung und zog die jungen Lichtengel in seinen Bann. Die Herzen der Herzengel flogen ihm nur so zu und er hatte auf der ganzen Linie sehr großen Erfolg mit seinen Ideen von schnellen, effektiven Lernprogrammen.

Er hatte den Plan, dass er Tausend Engel davon überzeugen wollte, an diesem neuen Programm teilzunehmen, die dann gemeinsam in nur einer einzigen Traumsequenz alle einhundertvierundvierzig Erfahrungen erleben sollten. Wenn ihm das gelingen könnte, hätte er seine Mutter mit ihren Bedenken völlig widerlegt. Nur mit Beweisen konnte er sein Recht durchsetzen. Das war nun zu einer fixen Idee von ihm geworden, er wollte sein Recht durchsetzen. Es ging ihm gar nicht mehr um eine Verbesserung der Lernerfahrungen, es war ihm nur wichtig, seinen Willen durchzusetzen, er war völlig starrsinnig geworden. Durch seine vielen Experimente, die er bei der Entwicklung seiner Innovation durchführte und die ihn immer wieder auf die Traumsequenz des Spiels brachten, erlitt er allmählich einen Realitätsverlust. Das, was die göttliche Mutter befürchtet hatte, trat nun bei ihm selber ein. Baael, die mit ihm bisher aktiv an diesem Projekt gearbeitet hatte, bemerkte seine Veränderung mit Besorgnis und geriet in einen großen Zwiespalt. Sie versuchte ihren Bruder davon zu überzeugen, seine Pläne aufzugeben oder doch wenigstens noch einmal mit der göttlichen Mutter über eine einvernehmliche Lösung zu diskutieren. Doch Luciael wies alle Bedenken seiner Schwester von sich und wandte sich dann ganz von ihr ab. Da sie ihm durch ihre Macht den Zugang zur Spielplanung ermöglicht hatte, brauchte er ihre

Zustimmung nicht mehr und machte nun auch Front gegen sie. In diesem Moment wurde seine Aktion ein Kampf gegen das weibliche Geschlecht. Erst seine Mutter und nun auch noch seine Schwester. Von diesem Moment an wurde seine Wollust, sein Machtstreben eine Rebellion gegen die Macht der Weiblichkeit. Er setzte die Macht seiner Schwester, die sie ihm freiwillig aus Liebe gegeben hatte, nun gegen sie selber ein und sie verlor den Zutritt zum Planungszentrum des Spiels. Er verweigerte ihr den Zutritt zum Kontrollraum. Er hatte nun auch alles vorbereitet, die Tausend Engel, die ihm bedingungslos folgten, waren im Garten der Träume für die Erfahrungen bereit.

Baael in ihrer Not lief zu Michael, weil sie wusste, sie hatte durch ihr Handeln Schaden angerichtet und wollte den weiteren Verlauf stoppen. Michael kam sofort zu Hilfe, gefolgt von Raphael, Uriel, Gabriel und Sandalphon. Luciael aber hatte schon die Programme der Tausend Engel aktiviert, sie waren bereits im Tiefschlaf. Es kam zum Kampf zwischen Michael und Luciael, in dessen Verlauf Michael seinen Bruder aus dem Kontrollzentrum herausdrängen konnte, der aber flüchtete und begab sich mit dem Schlüssel seiner Schwester Baael auf die spirituelle Gesamtebene, wodurch er sich dem Zugriff von Michael entzog, weil ohne diesen Schlüssel, der nun in der Gewalt Luciaels war, die spirituelle Ebene von dieser Seite des Kontrollzentrums nicht zu öffnen war.

Dann wurden Gottvater und die Muttergöttin von den Vorfällen informiert. Beide reagierten sehr unterschiedlich.

Die göttliche Mutter blieb ganz ruhig und war an den sachlichen Fakten interessiert. Gottvater war sehr zornig auf Luciael und wollte ihm sofort folgen und ihn zur Rechenschaft ziehen.

Was war in der Konsequenz passiert? Tausend Engel lagen im Tiefschlaf und es befanden sich 144000 Seelenaspekte von ihnen im Erfahrungsspiel. Sie waren im Augenblick nicht in Gefahr, das Kontrollprogramm verlief ruhig und reibungslos. Luciael befand sich auf der spirituellen Gesamtebene und war von dieser Seite nicht zu erreichen, er hatte die Tür verriegelt. Weiterhin befanden sich mit Luciael dreihundert junge Herz- und Lichtengel auf der spirituellen Gesamtebene, die sich Luciael als Beobachter und Betreuer angeschlossen hatten.

Nachdem sich die Muttergöttin davon überzeugt hatte, dass zur Zeit für Niemanden eine direkte Gefahr für Leib und Leben bestand, beschloss sie, sich zur inneren Einkehr und Meditation zurück zuziehen und gab Gottvater den Auftrag die Situation zu neutralisieren, da er schließlich durch seine Begeisterung für dieses neue Projekt seinen Sohn motiviert habe, damit weiter zu machen. Dann verließ sie den Kontrollraum und stellte Gottvater vor ein großes Problem.

10. Der Fall Luciael und seine Folgen

Durch die spontane Demonstration der göttlichen Mutter, sich an der Lösung dieses Problems nicht zu beteiligen, war Gottvater zunächst ratlos und überfordert, da der aktive Teil nicht seinem Naturell entsprach. Er beriet sich zuerst mit Baael, die als Einzige über die Innovation des Spiels informiert war. Doch auch Baael war mit der Situation emotional überfordert, da sie sich schuldig fühlte, sich für dieses Projekt hatte einspannen lassen und nicht die Entscheidung der göttlichen Mutter respektiert hatte. So waren die Unentschlossenheit von Gottvater und die Schuldgefühle von Baael keine guten Ratgeber für die nächste Aktion in dieser Angelegenheit. Sie begingen den folgenschweren Fehler, Luciael und seine Gefährten von dem Kontrollzentrum abzutrennen. Das heißt, sie entzogen Luciael und seinen Helfern die Möglichkeit von der spirituellen Gesamtebene aus auf die Handlungen der Menschen einzuwirken und sie zu schützen. Luciael war nun auf der spirituellen Gesamtebene völlig auf sich selbst gestellt. Er konnte nichts auf der physischen Ebene aus seiner Position heraus erreichen, wollte er etwas tun, mussten er und seine Helfer ebenfalls einen physischen Körper annehmen. Schlimmer noch, er konnte aus seiner Position heraus gar nicht sehen, was auf den physischen Ebenen von den Inkarnationen, den Menschen, angestellt wurde. Aus der Sicht von Gottvater war diese Handlung zu verstehen, er wollte Luciael damit bewegen, dass er seine Position verließ und wieder zurück in den Kontrollraum im Garten der Träume kam.

Luciael, der diese Situation nicht berücksichtigt hatte, weil er den Verrat von Baael nicht erwartet hatte, geriet jetzt in Panik und kam nicht auf die nächstliegende Idee, einfach zurück zu gehen und sich dem Vater zu stellen, denn bis jetzt war ja überhaupt nichts passiert. Er fühlte sich bedrängt, dazu blind und taub, weil er keine Verbindung zu seinen Tausend Schützlingen hatte und agierte unsinnig. Um wieder Kontakt zu den inkarnierten Seelenaspekten aufnehmen zu können, öffnete er die vierte Dimension völlig und er und seine dreihundert Helfer nahmen Körper der vierten Ebene an und begannen von dort aus die Geschicke der Wesen auf der vierten, dritten, zweiten und ersten Dimensionsebene zu lenken. Das ist der Beginn der Götterlegenden geworden, die später in den Geschichtsbüchern der Erde auftauchen sollten. Durch die ungeschützte Verbindung zwischen der spirituellen Gesamtebene und den physischen Ebenen sind ursächlich die dramatischen Veränderungen auf der Erde und den anderen physischen Planeten wie Mars, Venus und Merkur entstanden. Über das Ausmaß der Folgen können wir uns jeden Tag im aktuellen eigenen Leben und im Weltgeschehen überzeugen.

Luciael und seine Gefährten hatten aus der eigenen begrenzten Position innerhalb eines physischen Körpers keine Möglichkeit mehr, den Gesamtüberblick zu behalten und konnten nur auf Einzelaktionen der Menschen reagieren und eingehen. So entstanden die willkürlichen Eingriffe von den unterschiedlichen Gottheiten, zu denen sich Luciael und seine Gefährten gemacht hatten und die dadurch selber ihre

Herkunft verloren und bald selber hilflos im Karma verfangen waren. Durch das Eingreifen von Luciael aus Panik heraus, etwas falsch zu machen hat er sein eigenes gut durchdachtes Programm zerstört, das zunächst fehlerlos seinen Zweck erfüllte. Jetzt aber durch sein unüberlegtes Eingreifen das Chaos auslöste.

Gottvater, der alles aus dem Kontrollraum heraus beobachtete war fassungslos. Aus seiner Gesamtübersicht heraus konnte er beobachten, wie das willkürliche Eingreifen seines Sohnes und seiner Mannschaft die schöne Spielwelt in Chaos versinken ließ. Seine eigenen Korrekturversuche bestanden in mehreren Sintfluten, um das größte Übel zu tilgen, doch die menschliche Rasse entpuppte sich als resistenter und willensstärker als jemals gedacht. Jeder seiner Eingriffe in die materielle Welt hatte nur noch dramatischere und schmerzvollere Folgen für seine geliebten Kinder. Er hat in dieser Zeit viele Tränen vergossen, während er hilflos das Drama verfolgte. Nach drei Tagen waren die tausend Engel vom Tiefschlaf in ein Koma gefallen, verursacht durch die traumatischen Erfahrungen, die sie in Folge der mutierten Lebensbedingungen durchlitten. Um die Einzelschicksale abzumildern, schickte Gottvater jetzt immer wieder weitere Teilaspekte der tausend Engel in das Spiel, was nun wieder zur Übervölkerung und Vermischung der Lebensräume führte. Nach einer Woche fragten die besorgten Eltern nach der Heimkehr ihrer Kinder, da bisher keine Traumsequenz länger als einen Tag gedauert hatte. Der Druck unter dem Gottvater stand, nahm immer mehr zu. Baael war gar keine

Hilfe, sie brach unter der Last der Verantwortung zusammen und Metatron, ihr ältester Sohn nahm ihren Platz ein. Er bat seinen Großvater als erstes darum, nach der Muttergöttin zu schicken, weil er ohne ihre Weisheit keine Möglichkeit sah, die Situation unbeschadet aufzulösen. Darüber hinaus waren mittlerweile Luciael und seine Bande völlig innerhalb des Karmaspiels verwickelt, hatten ihre göttliche Herkunft inzwischen selber vergessen und waren auf unterschiedlichen Wegen in die Irre gegangen. Viele der Gefährten Luciaels hatten sich dem Machtstreben ergeben und brachten ganze Völker mit fliegenden Fahnen in die Dunkelheit hinein. Die physischen Veränderungen auf den Planeten nahm immer drastischere Formen an. Der Mars war inzwischen unbewohnbar geworden, die Lebensform hatte sich auf Außenstellen geflüchtet, wie Sirius oder das Orionsystem und versuchte von dort aus die Erde zu erobern. Der Planet Erde stand kurz vor dem Kollaps, die Erde bebte und spie Feuer.

Erleichtert nahm Gottvater den Vorschlag von Metatron an und rief frohen Herzens nach seiner geliebten Göttin, um sich mit ihr auszusöhnen und gemeinsam eine Lösung zu finden.

11. Der Rettungsplan der Muttergöttin

Die göttliche Mutter war natürlich sofort zur Versöhnung bereit, denn Liebe und Vergebung ist ihr natürliches Wesen und sie eilte auf der Stelle zum Kontrollzentrum des Spiels, in die Andromedagalaxie. Sie war erschüttert über das Ausmaß der Entwicklung und im Besonderen über die unüberlegten und emotionalen Reaktionen und Handlungen von Luciael. Der verbrachte inzwischen seine Inkarnationszeit damit, dass er aus altem Götterglauben Dämonenkulte machte und alle weiblichen Gottheiten als Dämonen und Teufel deklarierte, so verarbeitete er seinen Mutter- und Schwesterkonflikt. Um seine Ziele durchzusetzen, benutzte er die sich entwickelnden neuen Kulturen, besonders Minderheiten, wie zum Beispiel die Kinder Israels, um sich dort als den Gott der Götter verehren zu lassen. Da er ja immer noch ungehindert zwischen den einzelnen Dimensionsebenen bis zur spirituellen Gesamtebene seine Körper wechseln konnte, war es für ihn sehr leicht, unerklärliche Phänomene auf physischer Ebene entstehen zu lassen, die seine Position stärkten. Seine Aktivitäten prägten mehrere tausend Erdenjahre der Frauenfeindlichkeit, die bis in unsere Tage reicht. Er wurde ein Gott der Willkürlichkeit und der Strafe, der nur die schützt, die an ihn glauben und ihm huldigen und die vernichtet, die ihn verspotten. Ein Gott mit Allmachtsanspruch, so wie er bis in unsere Tage in vielen unterschiedlichen Religionen verehrt und gefürchtet wird.

Über diese Entwicklung ihres Sohnes war die Muttergöttin sehr betroffen und sie hatte großes Mitgefühl für ihn bei dem Gedanken, wenn er erwachen würde und erkennen musste, zu was sein Stolz und Starrsinn ihn hatte verführen können. Dann würde sie ihn trösten müssen und ihm helfen, diese traumatischen Erinnerungen zu erlösen. Doch darüber nachzudenken, war jetzt nicht der richtige Augenblick, jetzt galt es die Tausend Engel aus ihrem Koma zu befreien, bevor ihr Engelsgemüt wirklich Schaden nehmen konnte. Inzwischen waren etwa zehn Tage vergangen und Eile war geboten.

Sie wandte sich an die jungen Engel im Alter von vierzehn bis sechzehn Jahren, die schon Lebenserfahrungen auf der physischen Ebene gemacht hatten, aber noch keine Abschlussprüfung absolviert hatten. Sie suchte nach siebenhundert Freiwilligen, die sich ebenfalls in das Spiel einloggen würden, aber mit Sicherheitsvorrichtungen versehen und auf die Situation und ihre Aufgabe dort gut geschult und vorbereitet waren. Jeder dieser siebenhundert Engel wurde auf eine bestimmte Aufgabe zur Erweckung, Heilung und Erlösung geschult. Sie suchte als erstes in den Reihen der Familienangehörigen der Tausend Engel nach Freiwilligen, die sie auch innerhalb von wenigen Tagen fand. Jeder dieser Unglücksengel hatte eine Schwester oder einen Bruder in der geforderten Altersklasse, die alle sofort aus Liebe bereit waren für diese sicherlich schwere und gefährliche Aufgabe. Jeder Teilaspekt dieser siebenhundert Helfer, der jetzt auf der Erde als Mensch inkarniert ist, wird wissen, wenn er diese Zeilen liest, was damit gemeint ist. Denn die tatsächlichen Hürden und Hindernisse, die wir in unzähligen schmerzhaften Inkarnationen bis heute erfahren haben, übertrafen unsere Erwartungen um ein Vielfaches, und zwar in negativer Weise.

Nachdem wir das intensive Ausbildungsprogramm für diesen Auftrag beendet hatten, wurden wir alle siebenhundert Engel gemeinsam über ein Sternentor aus der Andromedagalaxie in den Garten der Träume nach Ganymed, dem Jupitermond gebracht, von wo aus wir uns direkt auf die Ebene der physischen Dimensionen in Körperformen des Mars, der Venus, des Merkur und in menschlichen Körpern inkarniert haben. Auch wir mit jeweils sechsunddreißig Teilaspekten in sechsunddreißig Körpern auf den vier physischen Ebenen mit insgesamt einhundertvierundvierzig Einzelverkörperungen. Das ließ sich nicht umgehen, weil so lange die Tausend Engel im Koma lagen nichts am Spielablauf geändert werden durfte, um sie nicht in Gefahr zu bringen. Sicherheitsvorkehrungen waren im Bereich unseres Herzchakras durch die Macht der Muttergöttin und im Bereich des Lichtchakras durch den Willen von Gottvater vorgenommen worden.

Gleichzeitig mit unserem Eintritt in die Spielwelt startete die göttliche Mutter mit einem physischen Raumschiff und den tausend im Koma liegenden Engeln, den dreihundert Körpern von Luciaels Gefährten und unseren siebenhundert schlafenden Körpern eine beschwerliche Reise durch Zeit und Raum, um von Außen in das Spiel hineinzukommen. Sie konnte auf ihrer Reise keine Sternentore oder andere zeitliche und räumliche Abkürzungen nutzen, sie hätte dadurch das Leben aller Schlafenden gefährdet. Auf der Zeitebene der Wirklichkeit ist seit dem Vorfall durch Luciael etwa drei Monate vergangen. Auf der Erde ca. 7000 Jahre.

Ziel der Reise sollte die Erde sein, wo sie die Lichtfrequenz des gesamten Planeten anheben würde, um eine direkte Verbindung zu unseren göttlichen Seelenaspekten, die sich im Inneren des Spiels in den menschlichen Körpern befinden, herzustellen. Dadurch kann ein Lichttor in die Atmosphäre der Erde geschaffen werden und ein Zutritt in das automatische Karmaprogramm im Aetherkörper erreicht werden und über den physischen Körper die spirituelle Gesamtebene erreicht werden, um dort ein Gnadenprogramm zu installieren, das die gesamten persönlichen und planetaren Leiden erlösen kann.

Seit Anfang der 80er-Jahre irdischer Zeitrechnung befinden sich die Erzengel Michael, Raphael, Gabriel, Uriel und Metatron mit ihren Lichtschiffen aus allen Teilen des Universums im Auftrag der göttlichen Mutter innerhalb dieses Planetensystems und arbeiten an der Erhöhung der Lichtfrequenz zur Vorbereitung der abschließenden Rettungsaktion der göttlichen Mutter, die sich seit 2001 selber physisch in der Nähe der Erde befindet, um die Lichtfrequenz der Erde und ihrer Lebewesen auf ein energetisches Niveau zu bringen, damit sie mit ihrem Gnadenprogramm beginnen kann. Ebenfalls an diesem Projekt beteiligt sind die Aufgestiegenen Meister, die Seelenaspekte, die sich in ihrer Verkörperung aus eigener Kraft in den letzten siebentausend Jahren, seit dem Fall Luciael, in das karmische Gleichgewicht gebracht haben und sich dadurch mit ihrem Selbst wieder verbinden konnten. Sie agieren von der spirituellen Gesamtebene aus und verbinden sich von dort aus mit einzelnen Menschen und Gruppen.

Ist der menschliche Körper nicht auf die hohe Frequenz der Lichtenergie vorbereitet, verbrennt er im Licht der Göttin. Um das zu vermeiden wurden die inkarnierten Seelenaspekte der Rettungscrew, die von vielen auch Lichtarbeiter genannt werden, seit 1982 allmählich durch die Aufgestiegenen Meister und die Erzengel aktiviert und auf ihre Arbeit vorbereitet. Viele von ihnen haben bereits in den 90er-Jahren unter der Führung der Erzengel bedeutsame Basisarbeit geleistet. Seit 2002 ist die Lichtfrequenz des Planeten und der Einzelwesen so weit angestiegen, dass sich die Schlüsselträger aus der Gruppe der Lichtarbeiter bewusst an ihre Aufgabe erinnern konnten und im Dienst der Muttergöttin ihre Arbeit aktiv aufgenommen haben.

12. Die karmische Diagnostik

An dieser Stelle meiner Erzählung bin ich wieder in der Gegenwart der irdischen Welt angelangt und will nun näher auf meine eigene Arbeit im Dienst der göttlichen Mutter eingehen. Denn dieses Buch ist nicht geschrieben worden, um den Mentalkörper mit noch einer schönen Geschichte über den Lichtkörperprozess zu beschäftigen, sondern will Klarheit über die Ursache unserer Begrenzungen und Ängste bringen und den Weg weisen aus der Unendlichkeitsschleife der Wiedergeburt durch die Entschuldung von Karma. Die Menschen sind verschuldet, die Gemeinden sind verschuldet, die Länder sind verschuldet, ja selbst der ganze Planet Erde erstickt im Müll. Das ist die aktuelle Situation unserer Welt, wie Innen, so Außen. Das, was wir in unserem Inneren tragen, manifestiert sich im Außen durch die Lebensbedingungen, mit denen wir konfrontiert werden.

Die Karmabelastung ist insgesamt größer als innerhalb eines Lebens abgetragen werden kann, egal wie wir uns auch verhalten. Von dem, was sich auf unserem karmischen Schuldenkonto angehäuft hat, können wir in einem Leben gerade einmal die Zinsen tilgen. Wir müssten Leben um Leben in völligem Gleichgewicht verbringen, wenn wir auf natürliche Weise aus dem Karma, dem Rad des Lebens, aussteigen wollen. Damit wir in diesem Leben frei werden können, uns wieder an unsere natürliche göttliche Herkunft erinnern können und ein Leben im Licht der Liebe erfahren, hat die göttliche Mutter ein Gnadenprogramm im spirituellen Körper dieses Planeten installiert, das Elph-Programm. Um mit diesem Programm die alten traumatischen Erfahrungen auflösen zu können, habe ich gemeinsam mit Metatron über einen Zeitraum von sechsunddreißig Monaten eine spirituelle Diagnose- und Therapieform entwickelt, das Elph-System, das auf die Karmabelastung der unterschiedlichen Rollen zugeschnitten ist. Grundlage ist dafür zuerst das Erkennen des Rollentypus und dann die Art der Verletzung durch eine bestimmte traumatische Lebenserfahrung. Hier noch einmal im Überblick die neun Verkörperungen für den Planet Erde mit den Herausforderungen und Ausgleichschancen des Typus.

Verkörperung	**Prinzip**	**Energiezentrum**
Mann	Licht	Lichtchakra
Fau	Liebe	Erdchakra
GelehrteR	Weisheit	Kronenchakra
HerrscherIn	Freude	Stirnchakra
KünstlerIn	Freiheit	Kehlchakra
PriesterIn	Frieden	Herzchakra
KämpferIn	Vertrauen	Solarplexuschakra
PrinzEssin	Reichtum	Sakralchakra
HeilerIn	Schönheit	Wurzelchakra

Was damit gemeint ist, wird am deutlichsten durch die Beschreibung der karmischen Zusammenhänge für typische Verletzungen im Mentalkörper, dem Emotionalkörper, dem Spiritualkörper und dem physischen Körper der einzelnen Rollenstrukturen.

13. Die Verletzungen des Spiels

Nachdem Luciael und seine dreihundert Gefährten auf die spirituelle Gesamtebene in das Spiel hinein geflüchtet waren und sie freiwillig nicht mehr verlassen wollten, unterbrach Gottvater vom Kontrollraum aus die automatische Überwachungsverbindung zwischen der spirituellen Gesamtebene und den anderen Spielebenen für die Rebellen. Das veranlasste Luciael dazu, die Schutzhüllen der verschiedenen Körperebenen zu öffnen, um in das Spiel direkt einzuwirken. Um einen physischen Körper annehmen zu können, muss die Körper-, bzw. die Rollenstruktur zuvor durch den mentalen, emotionalen und den Aetherkörper beseelt und konstruiert werden und dann wie eine Blaupause auf den physischen Körperausdruck übertragen werden. Das ist von der spirituellen Ebene aus nicht möglich. Deshalb hat Luciael die ursprünglichen Schutzhüllen, die jede einzelne Ebene mit seinem Planeten zu einer eigenen in sich geschlossenen Welt mit geschütztem Lebensraum macht, eingerissen und zwar zwischen Kehlchakra und Kronenchakra der Planeten, das sich für die Erde in Asien befindet und zwar im Himalayagebirge. Von dort aus sind über viele Jahrtausende Gesandten des Lichts und der Dunkelheit in unsere Welt gekommen, um uns zu helfen oder uns zu domestizieren. Die gleiche Verletzung zwischen Kehlchakra und Kronenchakra weisen heute fast alle Einzelwesen auf unserem Planeten auf, da ebenfalls auf uns Menschen über diesen Kanal aus den anderen Dimensionen eingewirkt wurde und wird. Physisch gesehen befindet sich dieser offene Zugang bei Menschen am Hinterkopf zwischen Schädel und

Nacken, wo sich eine kleine Vertiefung fühlen lässt. Diese Vertiefung wird auch als Mund Gottes bezeichnet, weil sich dort ursprünglich unsere direkte Verbindung zum göttlichen Selbst befand.

Nach dem Verschwinden von Lemurien und Atlantis aus unserer Dimension haben einige der Gelehrten aus Atlantis dieses Tor zwischen den Welten im Himalayagebirge gehütet und geschlossen gehalten, woraus Tibet entstanden ist. Durch das Zünden der ersten Atombombe in Asien 1945 ist die Schutzhülle über ganz Asien zerrissen und das Tor in Tibet nicht mehr zu halten gewesen. Der Einmarsch der Chinesen in Tibet 1950 war der physische Ausdruck dieser Verletzung. Die weiteren Atombomben zerstörten in kurzer Zeit die Schutzhülle des gesamten Planeten. Seit Anfang der 50er Jahre ist der Planet Erde völlig ungeschützt und zugänglich für alle Wesenheiten aus allen Dimensionen dieses Spiels. Das Interesse der außerplanetaren Besucher an diesem doch relativ unbedeutenden Planeten ist sehr einfach zu erklären.

Bei unserem Eintritt in diese Welt haben wir uns außer auf der Erde gleichzeitig auf dem Mars, der Venus und dem Merkur inkarniert. Diese Planeten sind genauso wie unsere Erde durch willkürliche Eingriffe der Luciaelgruppe mutiert, entartet und bevölkerungsmässig explodiert. Zwischen dem Mars und der Venus fanden die ersten Kriege unter einander und Expeditionen auf andere Planeten schon kurz nach dem Öffnen der Ebenen statt. Besonders die Bewohner vom Mars mussten sich, nach dem sie ihre Planetenoberfläche zerstört hatten, einen neuen Lebensraum suchen. Ihre interplanetaren Reisen führten sie ins Orionsystem, nach Sirius und nach Alpha Centauri, von wo aus sie uns seit einigen Jahren wieder heimsuchen und den Lichtkörperprozess ins Leben gerufen haben. Unser Planet Erde wurde regelmäßig bis vor etwa viertausend Jahren, vor dem Schließen des Dimensionstores in Tibet sowohl von venusischen Götterwesen, wie die hinduistischen und griechischen Gottheiten sowie von den marsischen Gottheiten, wie die südamerikanischen Gottheiten der Maya und Azteken und den spätägyptischen Göttern, wie Isis und Osiris, beherrscht. Diese Gottheiten sind letztendlich nichts anderes als unsere eigenen Seelenaspekte, die seit 1982 ebenfalls durch die Erzengel aktiviert worden sind und jetzt gleichfalls das Bedürfnis nach Heilung und karmischen Ausgleich haben, da sie genauso wie wir ihr Karma hier auf der Erde ausgleichen müssen. Da sie als Götter auf der Erde Macht missbraucht haben suchen sie Kontakt zu den Menschen ihrer Seelengruppe und wollen sich mit ihnen vereinigen. Alle unsere Besetzungsthemen sind darauf zurück zu führen. Die Besetzungsenergien sind eigene emotionale, mentale und physische Schreckensschöpfungen, die bei uns ihren Resonanzkörper finden und sich daran anhaften. Wir werden seit einigen Jahren, seit dem der Spiritualkörper sich auch in uns selber öffnet, mit den Verletzungen aller unserer Teilselbste aus anderen Dimensionen und Planeten konfrontiert und regelrecht verfolgt. Das sind aber natürlich nicht nur negative Energiemuster, sondern auch positive Erfahrungen und Fähigkeiten, die unser Bewusstsein und unsere Lichtfrequenz erhöhen können. Angst verursachen aber zunächst beide Energien, weil sie uns wie fremde Wesen bedrängen.

Die meisten Energiesysteme wie Reiki und ähnliches sowie der gesamte Lichtkörperprozess kommen aus diesen Ebenen innerhalb des Spiels. Auch diese fast immer völlig überschätzten Meister des Lichts aus anderen Dimensionen haben ebenfalls ihre wahre Herkunft vergessen und agieren ziemlich unbewusst und egozentriert mit Energiequellen, die sie nicht beherrschen, wenn sie ihnen durch ihre eigenen Teilaspekte zugänglich gemacht werden und sie an Menschen über Channel weitergeben. Mit jeder Form von Channeling ist sehr vorsichtig umzugehen, denn nur weil eine Botschaft aus einer höheren Dimension auf uns herab kommt, sind die Durchsagen nicht immer, bzw. eher selten von der Quellwahrheit getragen. Die Wahrheit aus der göttlichen Quelle kann sich nur, wie seit ewigen Zeiten, durch das geöffnete Herzchakra eines Menschen offenbaren, der bereits Selbstverwirklichung erlangt hat. Alle anderen Durchsagen kommen aus dem Mentalkörper, Emotionalköper oder Aetherkörper und sind nicht von göttlicher Schwingung beseelt. Es kann auch unser Nachbar sein, der kürzlich verstorben ist und sich noch nicht von seinem physischen Körper gelöst hat und sich mitteilen will. Ein physischer Aufstieg ins Licht, wie er seit fast 20 Jahren geradezu hysterisch vorausgesagt wird, findet nicht in der Weise statt, wie es in vielen Veröffentlichungen publiziert wird und worauf sich viele Menschen mit absonderlichen

Ritualen und asketischen Lebensweisen vorbereiten und das alltägliche Leben darüber vergessen und ihre Kinder und Partner, die ihre Liebe und Fürsorge jetzt benötigen, dadurch vernachlässigen. Spiritualität ist nicht für den Sonntag und für besondere Anlässe oder für später irgendwann gedacht. Spiritualität findet im Alltag, in unseren Gedankenmustern von Achtsamkeit und mit kleinen liebevollen Gesten bei Begegnungen mit anderen Menschen statt.

Dieser prophezeite Lichtkörperprozess führt nicht in die Selbstverwirklichung und die Freiheit aus der Egorolle, sondern nur von einer Ebene des Spiels in eine höhere Ebene. Er führt aber nicht aus dem Spiel heraus und lässt uns nicht aufwachen. Ich möchte mich an dieser Stelle bewusst vom Lichtkörperprozess, den weißen oder sonstigen Bruderschaften und dem grundsätzlichen Ansinnen einer spirituellen Elite oder sektenartigen Vereinigung der Lichtarbeiter distanzieren. Alle Menschen sind gleich und vom Wesenskern her heilig, weil sie alle der göttlichen Quelle entstammen und mehr sind als ihre aktuelle Egostruktur.

Ein wahrer spiritueller Weg, der zur Befreiung aus dem Rad des Karma in die Selbstverwirklichung führt, ist begründet in der Liebe und führt durch das Herz des Menschen zurück in das Herz der Herzen der göttlichen Quelle. Auf diesem Weg muss aber immer, egal wie schnell und mit wie viel Gnade er ausgestattet ist, die gesamte Egostruktur erkannt und aufgegeben werden und durch Demut und Hingabe dem Selbst gegenüber ersetzt werden.

Die Bereitschaft aufzuwachen und dieses Leben als göttliches Spiel zu erkennen, ist der erste und wichtigste Schritt für jeden Menschen. Es gibt auch viele wahre MeisterInnen in diesen Tagen, die aufrechten Suchenden den Weg zum Licht der Liebe weisen können. Achte bei Deiner Wahl auf die Resonanz in Deinem Herzen. Wenn Du dort reine Liebe spürst, dem Weg folge nach. Wird Dir Ehre und Ruhm versprochen und Bedeutung in dieser Welt, dann wende Dich lieber ab, dieser Weg führt Dich nur in noch größere Begrenzung und Abhängigkeit.

14. Die Verletzungen des Mannes

Eine Verkörperung als Mann bringt eine Vielzahl von Herausforderungen mit sich, die sich aber alle auf den Grundsatz von – Ich will – beziehen. Des Mannes Wille ist sein Himmelreich oder seine Hölle, je nach seinem Gusto. Die Unterscheidung zwischen der Egozentriertheit und der Selbstverwirklichung sind für alle Rollenverkörperungen eine Herausforderung, in der Rolle des Mann eine Lebensaufgabe. Die meisten Fälle von Missbrauch in dieser Rolle werden interessanterweise von Engeln mit weiblicher Ursprungsseele begangen, die sich leichter im Konkurrenzkampf verfangen und danach sehr schwer in ihre ursprünglich weibliche Rolle des Dienens zurückfinden, was sich später in einer Reihe von mentalen, emotionalen, physischen und spirituellen Verletzungen ausdrückt. Genauso verhält es sich bei männlichen Ursprungsseelen, die als weibliche Verkörperung fast immer Missbrauch in Verbindung mit sexueller Macht begehen. Die Lernaufgabe drückt sich sehr gut in dem Satz aus – Wer befehlen will – muss zu vor gehorchen lernen.

Mentale Manifestation – Homosexualität

Die Kulisse für das Entstehen der Homosexualität war Sumer, das Land **Ur** direkt nach dem Eingreifen von Luciael in die natürliche Ordnung der Welt und beginnt mit seinem Erscheinen vor Abraham, als er den Bund mit ihm schloss und seine göttlichen Regeln bekannt gab. Die sicherlich für die damalige Zeit in erster Linie zum Schutz und zur Sicherheit der Bevölkerung gedacht waren, aber auch eindeutig eine frauenfeindliche Haltung demonstrierten und die Frauen ganz klar in ihrer Rolle unter den Mann stellten. In der alten Welt lebten Frauen, die als weise Ratgeberinnen und Herrscherinnen bisher in der Hierarchie ganz oben standen und diese Position nicht verlassen wollten. Wie verhielten sich diese entmachteten Frauen in der neuen Weltordnung? Sie gingen in die Verweigerung der neuen Rolle und entzogen sich den Männern sexuell, weil die Fortpflanzung ihre letzte Machtdomäne war, die sie glaubten verteidigen zu müssen. Sie übten dadurch Missbrauch ihrer Macht aus, die natürlich karmische Folgen in ihrer nächsten Verkörperung haben würden. Die mentale Haltung der Rollenverweigerung, um sich zu schützen prägt sich in ihre Egostruktur als Ohnmacht ein und gleichzeitig prägt sich dort eine starke sexuelle Frustration und Abwehr in Verbindung mit Weiblichkeit ein, die sie beim männlichen Partner durch ihre Verweigerung ausgelöst hatten. Das automatische Programm zur Auflösung von Karma ließ sie im nächsten Leben in einem männlichen Körper mit dieser mentalen Struktur inkarnieren. Der Wunsch nach Rollenverweigerung mit der gleichzeitigen Erinnerung von sexueller Frustration und Unterdrückung durch Frauen verband sich mit dem Gefühl von Ohnmacht. Da weibliche Ursprungsseelen große Anpassungsfähigkeit besitzen und sie jetzt im männlichen Körper über die nötige Willensstärke und Durchsetzungskraft verfügen, war die Homosexualität für sie die einfachste Konsequenz, um mit diesem mentalen Muster erst zu leben, es später zu kultivieren und heute zu idealisieren. Fast alle homosexuellen Männer haben weibliche Ursprungsseelen, die durch den Verlust ihrer Macht als Frau zuerst in die ohnmächtige Rollenverweigerung und dann in der männlichen Verkörperung in eine Rollenverleugnung gegangen sind.

Emotionale Manifestation – Promiskuität

Im landläufigen Sinn wird behauptet, der Mann sei von Natur aus für eine Zweier-Beziehung ungeeignet und Untreue sein natürliches Recht. Dahinter verbirgt sich eine große Angst vor Bindung und ein gestörtes Selbstwertgefühl. Welche Lebenserfahrungen haben dazu beigetragen, um diese Ängste zu manifestieren? Gehen wir dafür in eine passende Zeitepoche, zum Beispiel in eine kleine Grafschaft der Pfalz in das 16. Jahrhundert n Chr. Du hast es gut getroffen in dieser Inkarnation, bist der Graf selber und regierst Dein kleines Reich bedacht und gerecht. Deine größte Herausforderung aber ist ein heftiger sexueller Trieb. Deine Bauern leben in Leibeigenschaft und Du hast als Landesherr das Recht der ersten Nacht, das heißt Du darfst mit jeder Braut die erste Nacht verbringen. Paradiesische Zustände auf den ersten Blick, wenn Du damit nicht gegen die natürlichen Gesetze von Achtung und Respekt verstoßen würdest. Nimmst Du Dir dieses Recht in der Tat, musst Du die Gefühle, die Du dadurch bei Dir selber, der Braut und dem Bräutigam auslöst, in Deiner nächsten Inkarnation tragen, da sie alle als Prägung in Deinem Emotionalkörper gespeichert sind. Dein Motiv war lustbetont, so verstärkt sich Dein sexueller Trieb. Bei der Braut löst Du Scham und Unwert aus dafür, dass sie einfach benutzt wird, das wird Deine späteren sexuellen Handlungen mit Scham verbinden und zu guter Letzt löst Du bei dem Bräutigam Verlustangst,

Hilflosigkeit und den Gedanken aus, dass er besser nicht geheiratet hätte, damit ihm diese Demütigung erspart bleibt. Die Summe dieser Emotionen und Gedanken wird Dich im nächsten Leben dazu bewegen, entweder die Promiskuität oder das Zölibat zu wählen, beides entspringt der gleichen karmischen Ursache.

Körperliche Manifestation- Impotenz

Damit sich körperliche Manifestationen zeigen können, muss es schon zu mehreren gleichartigen Verletzungen der karmischen Prinzipien gekommen sein. Im Fall von Impotenz spielen Schuldgefühle die entscheidende Rolle. Unser Graf aus der Pfalz wird im nächsten Leben wieder in eine gut situierte Familie geboren, weil er sich als Landesherr bewährt hat und er entscheidet sich dann in jungen Jahren dazu in ein Kloster zu gehen, weil er das Zölibat der Promiskuität vorziehen muss, da die Ehe in dieser Zeit zu einer festen Einrichtung gehört, zu der er aus den genannten Gründen keine Neigung verspürt. So tritt er noch vor Beginn seiner sexuellen Reife dem Benediktinerorden bei und bereitet sich auf ein spirituelles Leben vor. Der sexuelle Trieb in ihm wächst und nach einiger Zeit kann er seine Emotionen nicht mehr unterdrücken und bricht das Zölibat. Nach einiger Zeit noch einmal und dann noch einmal und dann noch einmal. So geht es einige Jahre, er wird ständig von Schuldgefühlen verfolgt, weil er seine Emotionen nicht unter Kontrolle halten kann und er doch so einen hohen Anspruch an seine Reinheit und Stärke hat. Dann wird es langsam besser mit seinem Trieb, weil er älter wird und er begibt sich zufrieden in die Ruhe seines Klosters und gibt schließlich zum Ende seines Lebens das Gelübde ab, dass er niemals, so wahr ihm Gott helfe, sich jemals wieder sexuellen Praktiken hingeben wolle und bittet um Erlösung von seiner Manneskraft. Da er sich so viele Jahre gedanklich und emotional mit dem Wunsch nach der Auflösung seiner Potenz beschäftigt hat, muss ihm dieser Wunsch im nächsten Leben erfüllt werden. Beginnend mit vorzeitigem Samenerguss und später mit dauernder Impotenz. Wir werden zu dem, was wir glauben oder uns wünschen.

Spirituelle Manifestation – Vatertrauma

Jeder Vaterkonflikt beginnt mit der Angst vor Konkurrenz durch den eigenen Sohn. Dabei spielt auch wieder die Potenz, die Zeugungskraft eine wesentliche Rolle. Wenn der Mann in der Mitte seiner Jahre mit der Angst über den Verlust seiner Männlichkeit konfrontiert wird und er gleichzeitig sieht, wie sein heranwachsender Sohn ihm körperlich und geistig überlegen erscheint, entsteht Existenzangst in ihm und verleitet ihn dazu, seinen Willen mit dem Jüngeren zu messen. Er stellt übertriebene Forderungen an die Leistung seines Sohnes und entzieht ihm gleichzeitig die Anerkennung für das, was er gut kann. Er versucht über seine schwindende Körperkraft hinwegzutäuschen, in dem er nun mit lauten heftigen Gesten und willkürlichen Handlungen seinen Platz innerhalb der Familie demonstrieren will. Er legt in Alltagssituationen übertriebenes Dominanzverhalten an den Tag und schikaniert damit die ganze Familie. Im Besonderen will er seinen Platz an der Seite seiner Frau sichern und begeht dadurch den Fehler, die Frau, die Mutter seines Sohnes durch demütigendes Verhalten seinem Willen zu unterwerfen. Solch ein übertriebener Machtanspruch weckt aber im Sohn nur Beschützerinstinkte, er verteidigt seine Mutter vor dem dominanten Vater. Es gibt Streit zwischen Vater und Sohn und aus dem ursprünglichen Alterskonflikt des reifen Mannes, wird jetzt ein Generationskonflikt mit seinem Sohn, weil er nicht bei sich selber bleibt und schaut, sondern er seine Probleme an seinen Sohn weitergibt. Der Sohn reibt sich einige Zeit mit seinem Vater. Doch später, wenn er auf eigenen Füßen steht wendet er sich vom Vater ab, geht eigene Wege und vergisst allmählich den Vater. Der Vater aber hat für dieses Leben die Achtung seines Sohnes verloren, was im nächsten Leben zur Selbstverachtung führt. Er wird im nächsten Leben wieder selber ein Sohn werden und in sich die Gefühle tragen, die er bei seinem Sohn durch Starrsinn und Dominanz ausgelöst hat und wird dann durch einen entsprechenden Vater Lebensumständen begegnen, die zu einem Vatertrauma führen werden, wenn er nicht endlich bereit ist, die Konfliktlösung in sich selber zu suchen.

15. Die Verletzungen der Frau

Die weibliche Verkörperungsform hat durch die Eingriffe von Luciael in ihrer Originalität sehr gelitten und deshalb werden die Verletzungen, die wir uns darin zugezogen haben mit besonderer Gnade Heilung finden. Um das reine weibliche Prinzip der göttlichen Quelle besser verstehen zu können, müssen wir alle Facetten kennen und erfahren haben. Die Rolle der Frau war mehrere Jahrtausende reduziert auf die Geliebte und die Mutter, die Hure und die Heilige und muss nun auf allen Ebenen des Spiels und im Besonderen auf der Erde neu definiert werden. Für diese Neudefinition wird eine ganze Zeitepoche nötig sein, damit die Macht der Weiblichkeit den Weltfrieden wieder herstellen kann. Viele der Eigenschaften, die als Stärke dem männlichen Geschlecht zugeschrieben werden, sind urtypische weibliche Eigenschaften, die nach der Entmachtung der Frau von den Männern zwangsläufig übernommen werden mussten. Das Ergebnis können wir in allen Bereichen der Gegenwart betrachten.

Die größte Stärke der Frau ist ihr breites Aktionsspektrum, ihre Kreativität und ihre Fähigkeit mit großer Liebe zu Dienen. Sie ist die geborene Macherin und hat kein natürliches Streben nach Anerkennung oder Konkurrenz. Das ist gleichzeitig auch ihre größte Schwäche, wenn sie sich einmal in die Konkurrenznetze der männerdominierten Gesellschaftsform verfangen hat, wird sie unnachgiebiger und zielstrebiger als jeder Mann, weil sie sich in den gegensätzlichen Energien von Wille und

Macht selbst verliert und ein Opfer ihres Egos wird. Dann ist ihr Herz verschlossen, sie wird kalt wie Stein und lebt ohne Freude. Ihre Lernaufgabe wird ausgedrückt durch – wer Macht ausüben will – muss selber dienen können.

Mentale Manifestation – Lesbiertum

Die ausschließlich sexuelle Ausrichtung zum gleichen Geschlecht bei Frauen ist nach dem Aufstieg von Atlantis entstanden. Nachdem sich die auf dieser Ebene verbliebenen Ureinwohner von Atlantis mit den anderen Kulturen vermischt hatten und ihre Art vom Aussterben bedroht war, weil sie bisher keine physische Vermehrung kannten, beschloss eine kleine Gruppe von ihnen, ihre Frauen dazu zu bewegen, die physische Fortpflanzung zu praktizieren. Sie sollten sich dafür mit Männern aus den anderen Zivilisationen, der Herrscher oder Priester, paaren, um Nachkommen zu gebären. Die männlichen Atlanter waren nach wie vor nicht zeugungsfähig, die Frauen hatten ihre Körper aber den neuen Bedingungen angepasst. Die Frauen waren aber mental zur Paarung nicht bereit, weil sie vor der körperlichen Befruchtung und den physischen Schmerzen der Geburt große Angst und Widerwillen hatten. Doch die Männer respektierten diesen Widerstand der Frauen nicht und zwangen sie körperlich zur Vereinigung mit paarungswilligen fruchtbaren Männern. Damit respektierten sie den Willen der Frau nicht und fügten ihnen physischen Schmerz und Widerwillen gegen das männliche Geschlecht zu. Bei den Männern erzeugte diese Handlung ein Gefühl von Überlegenheit dem anderen Geschlecht gegenüber und bei den vergewaltigten Frauen

Ekel und Abwehr gegen das physische Paarungsritual mit Männern im Allgemeinen und gegen den Penis des Mannes im Besonderen. Durch das karmische Ausgleichsprogramm wurden diese Männer im nächsten Leben als Frauen wiedergeboren, die ein Überlegenheitsgefühl dem anderen Geschlecht gegenüber in sich trugen und gleichzeitig eine starke körperliche Abneigung gegen Männer verspürten. Die Konsequenz, nun als Frau mit dem Merkmal der Macht und großer Anpassungsfähigkeit ausgestattet, erhoben sie ab sofort das Lebiertum zum Gipfel der sexuellen Lust. In wenigen Epochen der Geschichte waren diese Praktiken verpönt oder als schlecht bewertet, sie wurden fast immer respektiert und vielfach zum Kult erhoben bis dahin, dass heute auch hier eine große Idealisierung stattfindet. Jede wirklich lesbische Frau ist von der Ursprungsseele her männlich. Weibliche Ursprungsseelen sind in der Regel allenfalls bisexuell.

Emotionale Manifestation – Abtreibung

Abtreibung ist ein sehr umstrittenes Thema und von den karmischen Folgen her für alle Beteiligten sehr weit reichend. Jeder Mensch, der einer Frau zu einer Abtreibung rät oder sie sogar dazu manipuliert, trägt die gesamten emotionalen Folgen, die er damit auslöst. Welche Lebensumstände haben aber erst dazu geführt, dass eine Frau überhaupt bereit ist gegen ihr wahre Natur als Leben spendende Schöpferin zu handeln. Natürlich wie bei allen tiefen Traumen, aus Angst durch den Verlust ihres Selbstvertrauens. Gehen wir dafür in eine Zeitepoche, in der Menschenleben keinen hohen Wert hatten, nach Asien vor ca. 2000 Jahren. Die

Lebensbedingungen in diese Zeit waren generell schlecht, die Hygienebedingungen klimabedingt problematisch und es starb jedes zweite Kind schon bei der Geburt, Mädchen hatten viel weniger Wert als Jungen. Dem Vater stand in dieser Zeit das Recht zu, ungewollte Kinder entweder in der Wüste auszusetzen, um es durch die Sonne zu töten wie es in Arabien praktiziert wurde oder das Neugeborene an einem Pfahl vor dem Haus zu erschlagen, wie es in China üblich war. Eine brutale und menschenverachtende Welt, in der nur das Recht des Stärkeren galt. Stelle Dir vor, in dieser Welt bist Du die vierte und jüngste von vier Frauen eines Kaufmanns. Es geht der ganzen Familie verhältnismäßig gut, doch die Geschäfte in der letzten Zeit waren nicht gut und die Aussichten für das nächste Jahr sind noch schlechter. Der Kaufmann hat Existenzsorgen. In dieser Situation wirst Du schwanger, es ist Dein erstes Kind. Gleichzeitig mit Dir ist auch eine der anderen drei Frauen schwanger, ihr werdet etwa gleichzeitig die Kinder zur Welt bringen. Nach einigen Monaten der Schwangerschaft steht fest, dass nur eines der Kinder überleben soll, da der Kaufmann reichlich mit Kindern gesegnet wurde und die Existenz der ganzen Familie unsicher ist. Als die letzte der Frauen hast Du wenig Aussicht darauf, dass Dein Kind überleben wird. Nun beginnst Du zu taktieren und zu schmeicheln und versuchst mit allen weiblichen Verführungskünsten Deinen Mann dazu zu bewegen, Dein Kind zu verschonen. Gleichzeitig suchst Du die Freundschaft der anderen Frau und entlockst ihr ihre tiefsten Geheimnisse, die Du dann aber für Deine Zwecke einsetzt, um gegen die Nebenbuhlerin zu intrigieren. Sie schenkte Dir ihr Vertrauen und Du hast sie verleugnet. Die Kinder kommen zur Welt, es sind zwei Mädchen und Dein Mann wählt als Opfer natürlich das Kind der anderen Frau und Dein Kind überlebt. Für die andere Frau kommt diese Entscheidung völlig unvorbereitet, nach der Rangfolge hätte sie ihr Kind behalten müssen. Welche karmischen Konsequenzen wirst Du im nächsten Leben erfahren müssen. Du hast durch die Manipulation mit Deiner Weiblichkeit und den Lügen Deine Selbstachtung herabgesetzt, das verursacht Scham und Selbstverachtung. Bei der anderen Frau hast Du das Vertrauen so stark verletzt, dass sie sich völlig in sich zurück gezogen hat und eine große Angst vor neuer Schwangerschaft entwickelt hat, weil sie den Verlust eines weiteren Kindes nicht mehr ertragen wollte. In Deinem Emotionalkörper werden sowohl Deine Emotionen als auch die Emotionen der anderen Frau gespeichert sein. Kommt es im nächsten Leben zu einer Schwangerschaft, wirst Du aus den genannten Ängsten und Emotionen, die dann in Dir sind, einer Abtreibung sehr zugeneigt sein. Die Abtreibung wird Dir dann wie eine Erleichterung erscheinen.

Körperliche Manifestation – Unfruchtbarkeit

Die Grundursache von Unfruchtbarkeit liegt in den beschriebenen Erfahrungen. Für die Manifestation auf körperlicher Ebene müssen aber mehrere gleichartige Erfahrungen gemacht werden und der Faktor Schuldgefühle spielt die entscheidende Rolle zur körperlichen Manifestation. Gehen wir dafür einfach weiter in der Beobachtung Deiner nächsten Inkarnation. Nach dem Leben in China folgt das nächste in Indien, hier bist Du wieder eine der Ehefrauen mit ähnlicher Thematik, dieses Mal wartest Du nicht bis zur Geburt, Du unterbrichst die Schwangerschaft selber. Die ersten Schuld- und Schamgefühle entstehen, Deine Selbstachtung sinkt weiter. Die folgenden drei Leben sind unauffällig, Du gleichst einen Teil Deines Karma durch liebevolles Handeln aus, doch nicht alles. Dann wirst Du in Paris des 14. Jahrhunderts wiedergeboren und kommst als junges Mädchen als Zofe an den königlichen Hof, dort machst Du eine kleine Karriere als Kurtisane. In den folgenden Jahren wirst Du dreimal schwanger und da keiner der edlen Herren Dich heiraten will, weil Deine geringe Selbstachtung sich auf das Außen überträgt, kommt es auch dreimal zu einer Abtreibung. Deine Hemmschwelle dafür ist aufgrund Deiner karmischen Belastungen sehr niedrig und Du entschuldigst Dein Handeln mit dem Argument, dass Du keine Wahl hast, weil Du mit einem Kind gar keine Chance auf eine Ehe hast. Tief in Dir weißt Du um den Mord, den Du damit begehst und zerfleischt Dich in innerlichen Schuldgefühlen für Deine Taten und schämst Dich dafür. Du bittest und flehst, dass Du von weiteren Schwangerschaften befreit wirst und auf keinen Fall ein weiteres Kind haben willst, sondern einen Ehemann. Du bittest viele Jahre um Unfruchtbarkeit und gleichzeitig um einen Ehemann. Beide Gebete gehen im nächsten Leben in Erfüllung, Du bekommst einen wunderbaren Ehemann und bleibst kinderlos, so wie Du es Dir gewünscht hast. Gott, befreie uns von der Erfüllung unserer Wünsche!

Spirituelle Manifestation – Muttertrauma

Ein Muttertrauma beginnt mit der enttäuschten Erwartung über die eigene Ehe und die Mutterrolle. Jede enttäuschte Ehefrau weint ihrer unbeschwerten Jugend hinterher und idealisiert sie hemmungslos. Es beginnt kurz nach der Geburt des ersten Kindes, wenn es ein Mädchen ist. Gestern noch selber ein junges Mädchen, grazil und hübsch, vom Vater bewundert und von der Mutter verwöhnt, liegt sie bald nach der Eheschließung dick und aufgeblasen voller Schmerzen in den Geburtswehen und wird Mutter. Eine besondere Zeitepoche oder Kulisse ist dafür nicht notwendig, dass kann zu jeder Zeit an jedem Ort geschehen. Es beginnt damit, dass diese Mutter der neugeborenen Tochter ihren neuen Status als Mutter nicht verzeiht. Sie verzeiht die Schmerzen und die Angst durch die Geburt, aber nicht die Aufmerksamkeit und die Zuwendung, die nun statt ihrer die Tochter bekommt. Der eigene Vater, die eigene Mutter und natürlich der Ehemann, jeder hat nur Augen für dieses entzückende kleine weibliche Wesen. Kaum auf der Welt ist die Tochter schon die Rivalin der Mutter. So zieht sich das durch die nächsten zwanzig Jahre. Hat das kleine Mädchen Glück und kommt noch ein Brüderchen dazu, bleibt es bei kleineren Konflikten zwischen den Beiden. Bleibt das Mädchen aber das einzige Kind, ist der spätere offene Kampf zwischen Beiden vorprogrammiert. Spätestens mit Eintritt in die Geschlechtsreife und das Aufblühen des Kindes zur schönen jungen Frau, was parallel mit dem Verblühen der Mutter naturgemäß einhergeht, wird aus dem Kleinkrieg eine offene Herausforderung zum Duell. Die Mutter gibt der

Tochter die Schuld an ihrem unglücklichen Leben. Das alles kann die Mutter natürlich nicht zugeben und benennen, weil sie sich ihrer Gefühle gegenüber der Tochter schämt und sie verdrängt und so sucht sie eifrig nach Fehlern und Versagen an ihrem Kind, um ihr Missbehagen zu argumentieren vor sich selber und im Außen. Eine üble Situation, die unnötig wäre, wenn die Mutter ein größeres Bewusstsein über sich selber hätte. Aber so ist sie in ihrer engen Denkstruktur gefangen und sieht viele Gründe zur Kritik an ihrer Tochter. Die Tochter wird früh das Elternhaus verlassen und eigene Wege gehen. Sie bleibt karmisch unbelastet und wird in der Regel eine sehr aufmerksame und liebevolle Mutter, besonders einer Tochter gegenüber. Die Mutter aber schimpft ihr weiteres Leben über die nun undankbare und ignorante Tochter und stirbt in dem Gefühl, sie könne der Tochter nicht vergeben. Im nächsten Leben wird ihr eine kalte und kritikfreudige eigene Mutter begegnen, der sie nichts recht machen kann und die sie dominieren wird. Sie wird unglücklich sein über die lieblose Kindheit und vielleicht als junge Erwachsene eine Therapie machen wollen, um sich von diesem Muttertrauma zu erlösen, natürlich dabei als Opfer.

16. Die Verletzungen der GelehrteN

Der Typus des Gelehrten wie er in Atlantis geschaffen wurde ist nicht mehr vorhanden. Diese Figur hat sich stark mit anderen Rollentypen vermischt. Seine Hauptverletzung liegt im Bereich des Prinzips Weisheit. Er ist sehr schnell in seinem Glauben durch Selbstzweifel zu erschütten, die ihn dann sehr labil in seinem Geist werden lassen. Es gibt im Verhältnis zur Gesamtverkörperung nur etwa drei Prozent mit der Struktur des Gelehrten und diese sind hauptsächlich in Europa und Amerika anzutreffen.

Alle Verkörperungen des Gelehrten haben seit dem Fall Luciaels Anpassungsschwierigkeiten mit der sich veränderten physischen Welt und der Deformierung der Wertmaßstäbe. Sie waren seitdem anfällig für jeden Angriff auf ihre Vollkommenheit und ihr Harmoniestreben und lebten immer sehr zurückgezogen von Hektik und Betriebsamkeit. Sie haben sich in allen Kulturen als Spirituelle Führer und Lehrer in der Literatur einen großen Namen gemacht. Thoth war der erste Atlanter, der noch zu Lebzeiten als Gott verehrt wurde. Es folgten Konfutius, Hermes Trismegistos und die ersten Siddha in Indien. Viele von ihnen sind unter mehreren Namen im gleichen Körper bekannt geworden, weil ihre Körperform für eine sehr lange Dauer konstruiert wurde. Der Graf von Saint Germain ist der letzte der reinen Atlanter gewesen. Es sind eine Reihe von Mischformen mit der Priesterrolle und der Herrscherrolle entstanden, von denen Buddha der bekannteste wurde. Geblieben ist aber auch bei der modifizierten Mischform eine große Empfindsamkeit gegen körperliche Gewalt und Ungerechtigkeit. Wird der Gelehrte damit konfrontiert gerät sein Mentalkörper sehr schnell aus der Fassung. Die folgenden Manifestationen sind typische Beispiele.

Mentale Manifestation – Schizophrenie

Die Schizophrenie wird in der Medizin definiert als Spaltungsirrsinn, als eine gespaltene Persönlichkeit. Welche Lebenserfahrungen müssen gemacht werden, damit die Persönlichkeit sich spalten kann? Die Veranlagung dazu beginnt durch die Paarung des reinen Gelehrten mit der Herrscherrolle. Zwei gegensätzliche Grundenergien, die miteinander harmonisieren müssen. Die eine Lebensform ist völlig auf die Inspiration, den Geist und das Geschehenlassen ausgerichtet, die andere Lebensform auf das Machen, Handeln und Verändern. Das geht zunächst sehr gut und bringt den Urtyp des Gelehrten sogar eine Zunahme von Freude und Lebendigkeit, so lange sein Herzchakra und sein Lichtchakra mit den göttlichen Energien von Licht und Liebe verbunden bleiben. So lange sich der inkarnierte Seelenaspekt seines Spielens in diesem Körper bewusst bleibt, treten dadurch keine Schwierigkeiten auf. Wenn sich dieser Mensch aber in einem Leben zwischen beiden Energien grundsätzlich entscheiden muss, hat das erhebliche Folgen. Gehen wir dafür in das alte Ägypten 2900 Jahre vor Christus, das damals unter König Menes Bedeutung erlangte und eine eigene Kultur entwickelte, die aus dem alten Wissen von Atlantis hervorging. In dieser Zeit wurden die ersten großen Kriege geführt und Heere zusammengestellt, die natürlich von Führern befehligt wurden. Einer dieser Heerführer ist atlantischer Abstammung und trägt zwei Energien in sich. Er beteiligt sich an diesem Feldzug, weil dem Gelehrten und dem Herrscher in ihm die Idee gefällt das Volk von Unter- und Oberägypten zu vereinen, um den Menschen Schutz zu geben, leichtere Lebensbedingungen zu schaffen und eine Kultur im Sinne des Höchsten zu errichten. Voller Enthusiasmus beginnt er seine Mission und zieht ins Feld. Bald schon holt ihn die frustrierende Realität und Grausamkeit des Krieges ein und er beginnt zu grübeln. In ihm beginnt sich ein innerer Dialog zu entfalten. Für die gute Sache einerseits ist der Herrscher in ihm zu begeistern und voller Abscheu über die entstandene Gewalt und den Schmerz andererseits beginnt der Gelehrte in ihm sich über das zu schämen, was er tut. Der innere Konflikt findet seinen Höhepunkt, als er in einer Schlacht einen Feind erschlägt, als er getötet hat. Auch und gerade, wenn er dafür sein eigenes Leben hat retten können. Der Weise in ihm weiß um die Konsequenz seiner Tat und verzweifelt durch die Reue, die ihn quält. Der Herrscher in ihm argumentiert und rebelliert gegen die Schuldzuweisung der anderen Stimme in ihm und so ist der Same des Gespaltensein in ihn gepflanzt. Vom nächsten Leben an wird er eine grundsätzliche Abneigung vor körperlicher Gewalt in sich fühlen und eine diffuse Angst vor körperlichen Schmerzen, weil er die Todesangst und die Schmerzen der Menschen in sich trägt, die er erschlagen hat und er wird seine Zerrissenheit bei gegensätzlichen Entscheidungsfragen immer wieder erleben. Soll ich oder soll ich nicht. Zu einem schizophrenen Krankheitsbild kommt es erst dann, wenn er noch einmal, bzw. mehrmals mit einer gleichartigen Lebenssituation konfrontiert wird, wie zum Beispiel der erste und zweite Weltkrieg. Es ist kein Zufall, dass die psychischen Erkrankungen nach den Weltkriegen rapide zugenommen haben.

Emotionale Manifestation – Paranoia

Die Ursache für paranoide Wahnvorstellungen liegen in der Zeit der Hexenverfolgung im Mittelalter. Betrachten wir dafür einen jungen Priester in der Gelehrtenrolle, der sich durch seinen aufrechten und strengen Glauben besonders hervortut und deshalb in das Inquisitionsgericht gerufen wird. Er ist sich der guten Sache bewusst und beginnt mit Begeisterung nach der Dunkelheit und den Dämonen zu suchen, um die Welt von allem Übel zu befreien. Er glaubt wirklich an das, was ihm über die Schreckensherrschaft des Teufels berichtet wird. Er ist ehrgeizig und aufrecht, er kennt alle Bücher und alle Geheimnisse des Satans. Er wohnt vielen Gerichtsverhandlungen bei und erlebt die Geständnisse der Hexen und Zauberer, die alle durch die Folter gegangen sind und alles schwören würden, egal wie verrückt oder absurd es wäre, wenn sie nur von weiterer Folter erlöst wären. Diese Hintergründe der Geständnisse ist für den Priester nicht offenbar und so schüren die Aussagen der Überführten noch das Missionsfeuer in ihm und er wird um so eifriger. Nach einiger Zeit wird er älter, ruhiger und aufmerksamer und beginnt die Prozesse und die Angeklagten sorgfältiger zu beobachten und zu analysieren. Die Schreie der Verhörten, die verkrüppelten Gliedmaßen der Delinquenten, er beginnt zu zweifeln. Er geht in die Verliese und in die Folterkammern und dort entscheidet er über die karmischen Folgen. Würde er an dieser Stelle, an der er sich der Ungerechtigkeit und des Frevels dieser Hexenprozesse bewusst ist, sein Amt niederlegen und gehen hätte er keine, bzw. wenig karmische Folgen zu erwarten. Bleibt er aber im Amt, trotz besseren Wissens und beruhigt sich mit Selbstbetrug über die edle Sache dieser Verbrechen, sind ihm paranoide Wahnvorstellungen in seinen nächsten Leben gewiss. Alles, woran er beteiligt war, ab der Bewusstheit über sein Handeln, ist im Erinnerungsspeicher seiner Akashachronik registriert und wird sich tief in seinem Mentalkörper einprägen und ihn irgendwann, wenn er nicht mehr damit rechnet, mit furchtbaren Bildern, je nach Schwere seiner Taten, verfolgen. Durch die Erfindung von Film und Fernsehen, im Besonderen durch die vielen Horrorfilme, die sich in den letzten Jahren großer Beliebtheit erfreuen, sind diese schlummernden Erinnerungen bei vielen Menschen aktiviert worden und haben eine Eigendynamik entwickelt, die bis zum völligen Irrsinn führen kann.

Körperliche Manifestation – Gehirntumor

Für das Entstehen von Tumoren ist die erste Voraussetzung eine große Autoaggression, die ursächlich immer durch körperliche Gewaltanwendung an anderen Menschen entsteht. Einen anderen Menschen zu verletzen oder gar zu töten, ist für einen Menschen der mit dem Licht Gottes verbunden ist eine große Selbstüberwindung, die enorme Schuldgefühle zur Folge hat. Durch das karmische Ausgleichprogramm werden aber nicht nur die Schuldgefühle weiter gegeben, sondern auch die Angst und Schmerzen des Opfers werden vom Täter mit übernommen. Betrachten wir den Priester aus dem Inquisitionsgericht also weiter. Er hat nach seiner Klarheit über die Ungerechtigkeit seines Handels noch ein Jahr weiter als Richter gearbeitet und hat sich dann in ein Kloster zurück gezogen, wo er sich den Rest seines Lebens Selbstzweifel über sich und die Existenz Gottes hingegeben hat. Er hat viel Reue gezeigt und bekommt nach diesem schweren Leben die Möglichkeit in einer ähnlichen Zeitepoche mit ähnlichen Herausforderungen sein Karma auszugleichen. Sein nächstes Leben ist Deutschland im Jahre 1910. Er ist bei Beginn der Hitlerzeit Jurastudent, begeisterter Nazi und bekommt bald eine Stelle als Staatsanwalt und startet mit Begeisterung seine juristische Karriere. Nach einiger Zeit beginnen die Prozesse gegen jüdische Staatsbürger, bei denen er die Anklage übernehmen muss. Er verhält sich ähnlich wie bei der Hexenverfolgung, er schaut zunächst nicht hin, sondern macht was von ihm erwartet wird. Allmählich entstehen Schuldgefühle in ihm und er wird von Schmerzattacken überfallen, die er nicht zuordnen kann. Er geht zum Arzt, der nichts Organisches findet und ihm Beruhigungsmittel verschreibt. Die nimmt er ein, die Schuldgefühle bleiben und er träumt schlecht und verliert die Begeisterung an seiner Arbeit. Mittlerweile hört er von den Zuständen im Konzentrationslager und den Folterungen der Inhaftierten. Er bekommt unerklärliche Kopfschmerzen und leidet unter Schweißausbrüchen und Kälteschauern. Er nimmt immer stärkere Medikamente und beginnt regelmäßig Alkohol zur Betäubung zu trinken. Er ist sich seiner Schuldgefühle bewusst und weiß, dass etwas passiert, was gegen seine Grundsätze von Menschlichkeit und Gerechtigkeit verstößt. Er will aber nichts damit zu tun haben und läuft weg. Dieses Mal schaut er gar nicht erst hin, er will nicht sehen, was er befürchtet und verbringt die restliche Zeit bis 1945 im Medikamenten- und Alkoholrausch. Er gibt seine Arbeit als Staatsanwalt auf und zieht sich in die Kleinstadt als Beamter im Ordnungswesen zurück. Er degradiert sich freiwillig, um keine Konsequenzen zu ziehen und der Wahrheit ins Gesicht zu sehen. Mit Mitte Fünfzig bekommt er einen Gehirntumor, an dem er sechs Jahre später stirbt. 1980 wird er in eine Juristenfamilie wiedergeboren, er leidet von frühester Jugend an großer Nervosität und Konzentrationsschwäche, ist aber sonst ausgesprochen intelligent und leistungsbereit. 1999 beginnt er nach der Familientradition ein Jurastudium, 2003 wird ein Gehirntumor diagnostiziert. Die Familie ist fassungslos!

Spirituelle Manifestation – Fanatismus

Die Ursache von Fanatismus ist die gleiche, wie die des Gehirntumors, lediglich der vorletzte Lebenslauf nimmt an einer bestimmten Stelle einen anderen Weg. Auch der Fanatismus hat seine Wurzeln in der Ausübung oder Verantwortung der eigenen Gewalt und den daraus entstehenden Schuldgefühlen. Schauen wir noch einmal auf den jungen Staatsanwalt, der die ersten Anklagen gegen jüdische Staatsbürger erheben soll. Er liest dieses Mal aufmerksam die Fälle, befasst sich mit den Details, geht ins Feld um Milieustudien zu machen. Beobachtet die Wege der Verurteilten und steigert sich allmählich in Abwehr und Wut hinein über das, was er bei seinen Recherchen erfährt. Fassungslosigkeit und Ohnmacht bringen ihn zur Verzweiflung. Er muss etwas tun, sonst platzt er. Er schließt sich einer Untergrundorganisation an und hilft Juden heimlich aus Deutschland zu fliehen. Bis hierhin sehr schön, diese Handlungen werden sein letztes Karma neutralisieren. Bis eines schönen Tages er denunziert und selber verhaftet wird. Er hat eine furchtbare Angst vor einem Verhör durch die unbewussten Erinnerungen aus den Hexenprozessen und widersetzt sich der Verhaftung, nimmt eine Pistole, schießt sich den Weg frei und kann entkommen. Er taucht im Untergrund ab und verbringt die nächsten Jahre bis Kriegsende damit, gegen das Regime zu arbeiten und entwickelt sich zu einem fanatischen Freiheitskämpfer, der für die gute gerechte Sache kämpft und vor Mord und Totschlag nicht zurückschreckt. Sein Grundmotiv war aber reine Angst vor eigener Folter. Er hat aus einer Not eine Tugend gemacht, die ihn bald völlig beherrscht. Kurz vor Kriegsende wird er im Kampf gegen die Miliz erschossen. 1957 wird er in Saudi Arabien wiedergeboren, studiert einige Zeit in Deutschland, wodurch er energetisch seine Vergangenheit aktiviert und gründet danach eine rassistische Terrororganisation in seinem Heimatland.

17. Die Verletzungen der HerrscherIn

Die Rolle des Herrschers ist von den heutigen Verkörperungsrollen die zweithäufigste, gleich nach der Kämpferrolle und in der westlichen Welt die dominante Figur. Wir sind eine Welt von Herrschern, die alle miteinander um die Führerrolle streiten und kämpfen. Kein Wunder also, dass die Aggression und das Konkurrenzverhalten in unserer Gesellschaft so dominant ist. Sein Prinzip ist die Freude, die fast alle Verkörperungen dieses Typus auf dem langen Weg der Inkarnationen verloren haben, weil sie an der Herausforderung der Wollust, das Machtstreben um der Macht willen, gescheitert sind. Fast alle Menschen mit dieser Grundstruktur entwickeln zuerst Dominanzverhalten, weil sie schnell die Wahrnehmung von sich selber verlieren und ihre Fähigkeiten überschätzen und später leiden sie mehr oder weniger an Depressionen oder traurigen Verstimmungen, weil sie durch ihren hohen Anspruch an sich und andere immer ein bisschen von der Realität enttäuscht sind. Dieser Typus muss wieder lernen, dass die Arbeit selbst, das Schaffen und Aktivsein mit Freude verbunden ist und nicht nur das Erreichen des Ziels. Für ihn gilt der Leitsatz – der Weg ist das Ziel.

Mentale Manifestation – Dominanzverhalten

Jede Verletzung der Herrscherrolle beginnt mit der Störung ihrer Wahrnehmungsfähigkeit. Sie beginnt sozusagen innerlich zu schielen, was sich natürlich auf das Außen überträgt. Da sie von Natur aus über eine große mentale Kraft verfügt und sehr stark und leistungsfähig ist und durch die Vermischung der Lebensräume auch mit anderen, von Natur aus nicht so körperlich und mental starken Figuren lebt, glaubt sie schnell etwas Besseres zu sein. Gehen wir für die Betrachtung einer typischen Szene in die Zeitepoche der großen Schiffsexpeditionen nach dem Verschwinden von Atlantis vor circa 3000 Jahren vor Christus. Aus der Vermischung der Gelehrten mit den Herrschern sind die Volksstämme der Griechen, der Kelten, Germanen und Wikinger hervorgegangen. Ausgerüstet mit dem alten Wissen aus Atlantis bauen die Volksstämme nun Schiffe, teilweise um der Kälte des Nordens zu entfliehen und in ein neues angenehmeres Klima mit besseren Lebensbedingungen zu gelangen, teilweise einfach aus Neugier eine neue Welt zu entdecken. Sie segeln in alle Richtungen davon und erreichen auf unterschiedlichen Routen die ganze Welt. Wir begleiten in unserer Beobachtung ein Schiff der Kelten, das nach langer Reise die Küste von Indien erreicht. Dort finden die Kelten ideale Lebensbedingungen vor, beschließen an Land zu gehen und sich niederzulassen. Sie erkunden das Umfeld, bauen sich Häuser und schaffen sich einen geeigneten Lebensraum. Sie fühlen sich wohl und sicher. Bis sie eines Tages eine Forschungsreise ins Landesinnere unternehmen und auf eine Siedlung der Ureinwohner vom Typ der Künstler treffen. Die Ureinwohner sind friedliebend und freundlich und begrüßen die Fremdlinge mit großer Bewunderung. Die Fremden erscheinen Ihnen wie Götter durch ihre körperliche Größe, ihre Kleidung und durch ihr ganzes Gehabe. Da sie Angst nicht kennen und offen wie Kinder sind, nähern sie sich den Kelten mit kindlicher Neugier an. Sie berühren die

Kleider, die Haare und fassen alles an, riechen daran und bringen die Kelten dadurch in körperliche Bedrängnis. Diese Keltengruppe ist klein und die Menschenmenge, die ihnen dort begegnet, scheint kein Ende zu nehmen. Immer mehr dieser kleinen zarten Wesen drängen zu ihnen und wollen auch einmal anfassen. In den Kelten entsteht langsam und stetig Beklemmung und Unmut, bis plötzlich bei einem von ihnen die körperliche Toleranzgrenze überschritten wird und er einen besonders Neugierigen, der ihm schmerzhaft am Bart zupft, mit einer heftigen Handbewegung von sich weg zu Boden wirft. Der schreit auf und das ist das Signal für die Kelten zu kämpfen und um sich zu schlagen und für die Ureinwohner, sich ängstlich zurückzuziehen, weil sie an Kampf und Schmerz nicht gewöhnt sind.

Damit sind die Fronten festgelegt. Die Kelten haben erfahren, dass ihr Brüllen und ihre großen Gesten die zarten Künstler von ihnen fernhält und sie sich damit Respekt verschaffen können. Die Künstler sind eingeschüchtert und verhalten sich devot, um den Zorn der Kelten nicht weiter zu erregen. Durch das körperliche Ungleichgewicht der beiden Rollentypen ist der Herrscher dem Künstlervolk einfach körperlich überlegen und dominiert damit. Im Verlauf der nächsten Jahre werden die Künstler dauerhaft von den Herrschern dominiert, es bilden sich dadurch zwei Klassen, die herrschende und die dienende. Die Kelten machen die Erfahrung, dass sie durch heftige Gesten und lautes Brüllen etwas erreichen können. Die Ureinwohner erfahren durch die Heftigkeit der Reaktion auf ihr körperliches Interesse

Unsicherheit und Angst. Bei dem Kelten in seiner Herrscherrolle werden sich im nächsten Leben diese beiden Verknüpfungen einprägen. Sobald ihm jemand körperlich zu nahe kommt, wird er ängstlich und unsicher werden und beginnen, den anderen zu dominieren, um seine Angst zu beherrschen, für eine zwischenmenschliche Beziehung nicht gerade optimale Voraussetzungen. Dieses Dominanzverhalten ist der Nährboden für die späteren emotionalen und körperlichen Manifestationen. Folgen wir dafür dem nächsten Leben eines dieser Kelten in der Herrscherrolle und betrachten wir die weitere Erfahrung.

Emotionale Manifestation – Depression

Die nächste Inkarnation wird in Indien sein und da er bisher noch keinen Missbrauch mit seiner Dominanz angerichtet hat, wird er in gute Lebensvoraussetzungen hineingeboren. Seine Führungsqualitäten setzen sich schon sehr früh durch und sein Fleiß und sein zielgerichtetes Handeln heben ihn aus dem Volk der Künstler heraus, es ist einfach für ihn, hier eine Machtposition zu bekommen, sie wird ihm quasi hinter her getragen. Er lebt und handelt bis jetzt völlig aus seinem Prinzip Freude heraus und findet in dieser Welt in der Kreativität und Kunst im Vordergrund stehen eine große Resonanz dafür. Sein Leben scheint perfekt, bis er sich mit zwanzig Jahren das erste Mal in diesem Leben verliebt. Er verliebt sich in eine Frau vom Rollentypus der KünstlerIn, die völlig andersartig fast ausschließlich aus ihrem Emotionalkörper heraus lebt und handelt. Sie ist an zartes gefühlvolles und phantasievolles Werben gewöhnt und weiß nicht so recht, was sie mit diesem derben Burschen anfangen soll. Andererseits findet sie seine Kraft anziehend und fühlt sich in seiner Gegenwart sehr beschützt und wohl. Er ist von ihrer Leichtigkeit und ihrem quirligen Wesen fasziniert und vergisst in der Zeit seiner Verliebtheit seine Abneigung vor körperlicher Nähe. Sie sieht über seine Grobheit hinweg, weil sein Werben ihr schmeichelt und so verbinden die beiden sich als Mann und Frau. Sie erleben schöne liebevolle Zeiten miteinander bis sie schwanger wird und die Zeit der Niederkunft naht. Die Geburt erlebt das zarte Wesen als traumatische Erfahrung, weil ihr Körperbau nicht auf die Größe des Kindes ausgerichtet ist, sie erlebt das erste Mal in ihrem Leben körperlichen Schmerz. Sie sucht danach verzweifelt die körperliche Nähe ihres Mannes zum Trost und der entzieht sich ihrem Drängen jetzt, weil ihn dieses Drängen an seine tiefe Unsicherheit erinnert, die Angst in ihm auslöst. Er flüchtet in die Arbeit und lässt seine Frau mit ihren Gefühlen allein. Sie ist sehr flexibel und sucht ihren Trost und Zärtlichkeit bei Menschen ihres Typs. Das entgeht dem Mann natürlich nicht und er entwickelt jetzt Eifersucht darauf, dass sie die Nähe anderer Menschen sucht. Aus dem Gefühl der Eifersucht und Hilflosigkeit setzt er nun sein Dominanzverhalten bewusst ein und zwingt seine Frau seinen Willen auf. Diese beugt sich seinen Wünschen, aber entwickelt im Laufe der Jahre eine große Traurigkeit über den Verlust der Liebe und Leichtigkeit zwischen beiden. Diese emotionale Verknüpfung, die der Mann durch seine Dominanz bei seiner Frau ausgelöst hat, durch Unterordnung entsteht Traurigkeit, wird der Mann in seinem nächsten

Leben in seinen Erinnerungen tragen. Die Frau wird sich daran nicht erinnern können.

Körperliche Manifestation – Demenz

Die nächste Lebenserfahrung macht der Mann wiederum in Indien. Dieses Mal als Maharadscha, weil er durch seinen Fleiß und seine Fürsorge für viele Menschen auch sehr viel gutes Karma aufgebaut hat. Was er aber seit frühester Kindheit in sich trägt, ist eine unbestimmte Traurigkeit die sich verstärkt, wenn er sich dem Willen eines Menschen beugen soll. Besonders, wenn seine Mutter ihn unarmen und küssen will, dann fängt er an zu schreien und zu weinen. Ansonsten ist er ein wirklich entzückendes Kind, intelligent, sportlich und kreativ, manchmal etwas grob, wenn er nicht im Spiel der Sieger ist. Er entwickelt sich zu einem jungen Mann und kommt ins heiratsfähige Alter. Er hat kein großes Interesse daran sich zu verheiraten, er denkt, dann sei das leichte Leben vorbei und es folgt Trauer und Anstrengung. Eines Tages verliebt er sich doch und entbrennt leidenschaftlich für eine schöne junge Frau. Sie erhört sein Werben und sie heiraten und bekommen ein Kind. Seit der Geburt beobachtet der Mann seine Frau misstrauisch und ist nicht mehr so zärtlich zu ihr. Er flüchtet vor seinem eigenen Dominanztrieb in die Aktivität seiner Regierungsgeschäfte. Die Frau fühlt sich vernachlässigt und sucht sich einen Liebhaber. Der Mann schaut nicht hin. Er beschäftigt sich mit einem neuen Projekt, er baut eine Tempelanlage und meidet bewusst die Nähe seiner Frau. Die beiden leben völlig aneinander vorbei. Der Mann realisiert ein Projekt nach dem anderen und die Frau nimmt sich einen Liebhaber nach dem anderen. Eines Tages kann der Mann durch seine Position als Maharadscha über die Eskapaden seiner Frau nicht mehr hinwegsehen, von allen Seiten wird er bedrängt dem Einhalt zu gebieten, da seine Frau ihn der Lächerlichkeit preis gibt. Er reagiert unwillig darauf und verbannt seine Frau ohne Anhörung einfach in die Einsamkeit, damit sie in der Öffentlichkeit nicht mehr gegen ihn agieren kann. Seine Frau lebt noch fünfzehn Jahre in völliger Abgeschiedenheit und sehr verzweifelt, davon fünf Jahre mit verwirrtem Geist bevor sie stirbt. In seinem nächsten Leben wird er als Baumeister in Ägypten wiedergeboren und verliebt sich mehrmals im Leben, von denen sich keine Liebe erfüllt. Die Traurigkeit und Enttäuschung begleitet ihn sein ganzes Leben. Auf dem Höhepunkt seiner beruflichen Karriere verwirrt sich allmählich sein Geist und er muss seines Amtes zwangsweise enthoben werden.

Spirituelle Manifestation – Ohnmacht

Sein nächstes Leben bringt ihn nach Rom, wo er sich schon in der Kindheit unverstanden fühlt. Er zieht sich von seinen Geschwistern und seinen Altersgenossen zurück und beschäftigt sich in seiner Welt. Er fühlt eine große Überlegenheit und Leere in sich und den Wunsch die ganze Welt zu verändern. Das versucht er in der Kindheit durch ein starkes Dominanzverhalten zu erreichen, was aber nichts bewirkt. Die Erwachsenen lachen über ihn. Das wiederum enttäuscht ihn und verstärkt seine Abwehrhaltung. Er ist sehr intelligent, doch durch seine Konzentrationsschwäche erfüllt er die Leistungen gerade ausreichend. Er macht was er will und das was andere von ihm wollen, lehnt er strikt ab. Seine Eltern sind ratlos, sie kommen nicht an ihn heran und gehen dann selber auf Distanz, um ihn nicht zu reizen. Er verliert in der Familie an Bedeutung. Da er aber gleichzeitig ein großes Machtstreben in sich hat und keine Möglichkeiten der Umsetzung, findet er nun im Außen die Ursache für sein Versagen, seinen Misserfolg. Das verändert sich auch im Erwachsenenalter nicht. Er macht mit Ach und Krach seinen Schulabschluss und bekommt einen Ausbildungsplatz, den er verliert, weil er sich gegen den Lehrherrn erhebt. Er findet keinen neuen Ausbildungsplatz und muss dann letztlich eine Arbeit annehmen, die ihn weder intellektuell noch sonst befriedigt. Beziehungen zum anderen Geschlecht werden nicht mehr aufgebaut, es ergibt sich keine Möglichkeit. Er verliebt sich in Romanfiguren und träumt von Bedeutung und Anerkennung in Phantasieleben. Er spürt eine tiefe unerfüllte Sehnsucht nach Liebe und nach Hause kommen in sich und wenn er lange genug um Erlösung bittet, wird sie ihm durch Gnade zuteil. Allein kommt er aus dieser Sackgasse nicht mehr heraus.

18. Die Verletzungen der KünstlerIn

Die reine Verkörperungsform des Künstlers kommt in Europa nicht, bzw. sehr selten vor. Sie sind in Indien, Thailand, Shri Lanka und auch in anderen Teilen Asiens noch in ihrer reinen Form anzutreffen. Es gibt kaum eine Künstlerverkörperung, die nicht in ihrem Prinzip Freiheit eine Verletzung aufzuweisen hat. In Europa finden wir die häufigsten Mischformen zwischen Künstler und Herrscher und Künstler und Kämpfer. Durch ihre Fähigkeit, sich in jede andere Rollenstruktur einzufühlen und sie auch zu kopieren erkennt sie natürlich sofort die Schwächen ihres Gegenüber und der anderen Mitmenschen. Zu ihren weiteren Stärken gehört eine große Sprachbegabung, die sie gerade dem Herrscher oder Kämpfer gegenüber in ihrer Direktheit auch einsetzt und hier oft über das Ziel hinaus geht. Sie legt gerne verbal den Finger in die Wunde und verursacht dadurch Spott und Scham. Durch ihre schnelle Auffassungs- und Umsetzungsgabe spricht sie schon, wenn andere gerade beginnen zu begreifen. Das bringt ihr viel Kritik ein. Die Lernaufgabe in dieser Rolle ist Geduld. Denn gerade aus ihrer Spontanität und der Fähigkeit der Improvisation überfordert sie schnell die anderen Menschen und erntet dadurch die karmischen Früchte in Form von mentalen, emotionalen und physischen Verletzungen ihres Selbstbildes.

Mentale Verletzung – gestörtes Selbstbild

Ein Selbstbild, was ist das überhaupt? Das meint das objektive Wahrnehmungsvermögen von unseren Schwächen und Stärken und die korrekte bildhafte Umsetzungsfähigkeit unseres Geistes. Ganz schön kompliziert zu verstehen. Kein Mensch sieht sich wirklich so, wie er von außen von anderen Menschen wahrgenommen wird. Wir sehen uns alle immer etwas schlechter oder etwas besser als es objektiv der Fall ist. Eine Störung dieses Selbstbildes liegt vor, wenn es erheblich von der durchschnittlichen Wahrnehmung im Außen abweicht. Denn dann stoßen wir auf Probleme in unserer Umwelt. Wenn wir bei der Herrscherrolle durch die falsche Wahrnehmung unserer Selbst leicht schielen, dann kann es der Künstler schaffen, mit seiner Fähigkeit der bildhaften Umsetzung ein völlig anderes Bild von sich zu sehen und daran als wahrhaftig festzuhalten. Wie kommt es zu dieser falschen Selbsteinschätzung. Gehen wir dafür in die bereits bekannte Kulisse nach Indien, weil dort die ursprünglichen Rollenvermischungen des Künstlers begonnen haben. Betrachten wir dort eine junge hübsche Frau, die vom Maharadscha ausgewählt wird, seine erste Gemahlin zu werden. Sie heiraten, bekommen mehrere Kinder und nach einigen Jahren beschließt der Maharadscha sich noch eine weitere Frau zu nehmen, da seine erste Frau bereits in die Jahre gekommen ist. Die neue Frau kommt an den Hof und trifft dort auf heftigen Widerstand der älteren und rangmäßig höheren Frau des Maharadscha. Sie hat aber ein friedfertiges Wesen und ordnet sich freiwillig der älteren Frau unter. Diese aber kann es ihrem Mann nicht vergeben, von ihm an die zweite Position gesetzt zu werden, denn seit seiner erneuten Vermählung hat er sich von ihr körperlich zurückgezogen. Die verschmähte Gemahlin lässt nun an der Jüngeren ihren ganzen Unmut aus. Sie kritisiert ihr

Aussehen, ihre Art zu gehen, zu sprechen und verhöhnt und verspottet sie am ganzen Hofe. Das alles aber hinter dem Rücken der jungen Frau, zu der sie nach Außen hin freundlich und zugewandt ist. Das kommt der neuen Frau natürlich nach einiger Zeit zu Ohren und sie fühlt sich sehr beschämt und in ihrem Selbstvertrauen erschüttert, da man ihr offen freundlich entgegentritt und die Verleumdungen ihr nur von Dritten hinter tragen werden. Ihr prägt sich also ein, dass ihr im Außen nicht die Wahrheit gezeigt wird, sie sich nicht auf den äußeren Spiegel verlassen kann. Sie beginnt allem zu misstrauen und wird sogar so traurig, dass der Maharadscha sich von ihr zurückzieht und sich wieder seiner alten, ersten Frau zuwendet. Diese macht die Erfahrung, dass ihre Intrigen zum gewünschten Ziel führen. Diese Verknüpfung trägt die erste Frau des Maharadscha mit in ihre nächste Inkarnation, dass sie durch Spott und Intrigen ihre Ziele erreichen kann, aber dem äußeren Spiegel nicht trauen kann.

Emotionale Manifestation – Minderwertigkeitskomplexe

Im nächsten Leben wird sie in Europa wiedergeboren, und zwar in Amsterdam um 1720, wo sie als Tochter eines Kaufmanns zur Welt kommt. Sie kehrt damit zu den Wurzeln ihrer keltischen Vorfahren zurück. Sie ist besonders hübsch und kapriziös, was ganz dem Geschmack der damaligen Zeit entspricht. Sie hat ein flottes Mundwerk und viel Gespür für die Schwächen ihrer Mitmenschen. Ungewöhnlich an ihr ist ihre für holländische Verhältnisse etwas dunkle Hautfarbe und ihr schwarzes Haar. Das macht ihr in der Kindheit lange nichts aus, als sie aber zur Frau erblüht, bemerkt sie diese Besonderheit an sich und beobachtet sich immer kritischer im Spiegel. Sie bemerkt plötzlich neugierige aufmerksame Blicke von Passanten auf der Straße und verbringt viel Zeit mit ihrem Aussehen und ihrer Wirkung auf das männliche Geschlecht. Es gibt viele Bewerber, doch sie traut den Beteuerungen ihrer Liebe und Aufrichtigkeit nicht und wählt sich einen vermögenden, etwas unscheinbaren und älteren Mann, der ihr am treuesten erscheint. Sie heiratet und findet im Haushalt ihres Mannes mehrere Dienstboten vor, unter anderem ein farbiges und besonders apartes Dienstmädchen aus der Karibik, für das ihr Mann ihrer Meinung nach eine Schwäche zu haben scheint. Sie ist plötzlich davon überzeugt, dass ihr Mann dieses Mädchen ihr vorziehen könnte, was wirklich jeder realen Grundlage entbehrt. Sie quält ihn mit ihrer Eifersucht so lange, bis er nach vielen Anschuldigungen endlich zu gibt, dieses farbige Dienstmädchen anziehend und nett zu finden. Darauf hat die junge Frau gerade gewartet. Von diesem Tag an schikaniert sie das farbige Dienstmädchen wo sie kann und sagt ihr ohne Umschweife immer wieder wie hässlich und minderwertig sie sei. Sie macht dem armen Mädchen das Leben unerträglich. Sie weiß genau, was dem Mädchen wehtut und lässt keine Gelegenheit aus sie zu quälen. Sie bringt sogar ihren Mann soweit, dass er das Mädchen an einen Geschäftsfreund weitergibt, um Ruhe vor seiner Frau zu haben. Der Geschäftsfreund ist kein guter Mensch, er missbraucht das Dienstmädchen sexuell und schickt sie, als sie schwanger wird, in eine ungewisse Zukunft auf die Straße. Sie hat dann aber Glück und findet freundliche

Bauern, die sie und das Kind aufnehmen und in Freiheit leben lassen. Unsere Kaufmannsfrau wird im nächsten Leben kein Glück haben und eine große Herausforderung zum Thema Freiheit zu bewältigen haben. Sie wird große Minderwertigkeitskomplexe in sich tragen und sich demütigen lassen, wenn sie einen karmischen Ausgleich erreichen will. Schauen wir der Entwicklung einfach weiter zu.

Körperliche Manifestation – Sklaverei

Das nächste Leben wird sie in den Südstaaten von Amerika im Jahre 1840 als schwarze Sklaventochter beginnen. Sie fühlt sich schon als Kind grundlos angeschuldigt und verteidigt sich schon, bevor sie angeklagt wird. Sie hat immer ein „Aber" auf den Lippen und sieht hinter jedem Baum einen Feind. Sie ist zart und die Arbeit auf dem Feld ist schwer und mühsam für sie, deshalb wird sie schon als Kind in die Küche geschickt, wo sie von der Köchin gründlich und über viele Jahre schikaniert wird. Hinter dem Rücken der Frau macht sie sich aber trotzdem lustig über die alte Köchin und verstärkt damit ihren Hang zu Spott und Lästerei. Als sie älter wird entwickelt sie sich zu einer ungewöhnlich schönen Frau, was auch dem Gutsbesitzer nicht verborgen bleibt. Er nimmt sie in sein Bett als sie fünfzehn Jahre alt wird. Im Laufe der nächsten fünf Jahre bekommt sie zwei Kinder von ihm und er behandelt sie mit Respekt trotz ihres Sklavenstatus. Dann verkauft er sie durch das heftigen Drängen seiner Frau an einen anderen Plantagenbesitzer. Die Kinder bleiben bei ihm, er will sie schützen. Kurze Zeit danach bricht der Bürgerkrieg aus und die Zeiten verändern sich. Unsere

Sklavin hat durch die letzten harten zwanzig Lebensjahre keine Geduld und keine Einsicht gelernt. Das erste was sie nach der Befreiung durch den Bürgerkrieg beginnt, ist eine Hetzkampagne gegen die alten Plantagenbesitzer. Sie lässt keine Gelegenheit aus, um der Gerechtigkeit willen jeden zu denunzieren, der dem alten Sklavensystem gedient hat. Sie überwindet ihre Minderwertigkeitskomplexe, in dem sie den Dreck von sich weg auf die Anderen schleudert. Sie wäscht sich rein in der Suche nach den Verfehlungen der Anderen. Sie weiht ihr restliches Leben der Suche nach der Schuld. Sie bringt viele weiße Farmer vor Gericht, von denen mehrere unschuldig verurteilt werden. Zu ihren alten nicht erlösten karmischen Belastungen kommt nun auch noch die Verzweiflung und die Wut der unschuldigen Weißen, die auf ihre Veranlassung hin verurteilt wurden. Sie hat viel Angst, Verzweiflung und Wut im Namen des Rassismus gesät.

Spirituelle Manifestation – Rassismus

Im nächsten Leben wird sie wiederum in den Südstaaten der USA im Jahre 1940 wiedergeboren. Dieses Mal als weiße Amerikanerin. Sie ist sehr intelligent, sprachbegabt und bei den Lehrern beliebt, nur leider unter den Mitschülern ausgesprochen unbeliebt. Sie petzt und spinnt Intrigen, keine Verfehlung ist vor ihr sicher, sie denunziert jeden. Sie arbeitet aktiv an der Schülerzeitung mit und will Journalistin werden. Mit achtzehn Jahren wird sie auf der Straße von einem farbigen Jungen angesprochen, der nach dem Weg fragt. Sie fühlt sich von ihm belästigt und zeigt ihn an. Er wird aufgrund ihrer Aussage zu zwei Jahren Gefängnis verurteilt, aus denen für den jungen Mann insgesamt zehn Jahre werden, weil er aus seinem Bewusstsein der Unschuld mehrere Fluchtversuche unternimmt und jedes Mal eine Verlängerung der Haftstrafe erhält. Unsere Künstlerin fängt bald darauf an zu studieren und vergisst den jungen Mann. Sie heiratet und gründet mit ihrem Mann eine Zeitung. Der Rassismus treibt in dieser Zeit in Amerika Stilblüten, an denen sie und ihr Mann durch rassistische Veröffentlichungen stark mitarbeiten. Sie manipulieren die öffentliche Meinung gegen die Gleichheit der farbigen Mitmenschen durch erfundene Tatsachenberichte über die Unmündigkeit der farbigen Bürger. Sie hat eine tiefe Abneigung gegen dunkle Menschen und keine einzige wahrhaftige Erfahrung in diesem Leben gemacht, die diese Abneigung erklären könnte. Sie trägt den Hass und die Abneigung in sich, die sie in allen Leben durch die falschen Anklagen bei anderen Menschen ausgelöst hat. 1968 wird der junge Mann nach zehn Jahren aus dem Gefängnis entlassen, geht auf dem direkten Weg zu unserer Künstlerin, vergewaltigt sie und erwürgt sie danach in Verzweiflung. Wer trägt die Schuld? Die Künstlerin wird dadurch von vielen Teilen ihres Karmas befreit, der junge Mann trägt die volle Verantwortung für seine Handlung, auch er hatte eine Vorgeschichte zum Prinzip Freiheit!

19. Die Verletzungen der PriesterIn

Die Rolle des Priesters ist von allen Figuren die vielschichtigste und schwierigste. In dieser Figur sind alle Anteile enthalten, sind alle Stärken und Schwächen vereint. Diese Verkörperung ist für alle Verletzungen anfällig und hat die größten Fähigkeiten zur Regeneration und Selbstheilung. Die größte Schwäche ist die Schwankung und Unsicherheit in sich Selbst. Das Gleichgewicht zwischen Dunkelheit und Licht wird in dieser Rolle ausschließlich über das Herz gesteuert. Ist die Verbindung zur Liebe unterbrochen und das Herz verschlossen, gibt es keine Möglichkeit mehr, sie über den Geist zu erreichen. Es ist die Rollenstruktur, die keine Vermischung erfahren musste, weil sie von Natur alles in sich vereint. Sie hat sich im Laufe der Zeit von Zentralafrika aus, wo sie sich in einer freien Zone ohne Einfluss von Außen entwickeln konnte, über die ganze Welt relativ gleichmäßig verteilt. Sie ist in allen Kulturen, Schichten und Berufen anzutreffen. Sie ist leicht zu erkennen an den offenen Wutausbrüchen und ihrem Hang zur Selbstdarstellung. Ihre Schwäche ist die Fähigkeit, jede Dummheit zur Tugend zu erheben und die anderen auch noch davon zu überzeugen und mitzuziehen. Die Trendsetter unserer Zeit, die Modeschöpfer und Filmemacher sind fast alle Priesterverkörperungen. Wenn diese Rolle im Ausgleich ist, dann kann sie die ganze Welt verändern. Jesus Christus war der bekannteste Vertreter dieser Verkörperung. Aber auch Julius Cäsar, Napoleon und Adolf Hitler gehörten zu ihnen. Menschen in dieser Verkörperungsrolle können die Welt in die Dunkelheit, aber auch in das Licht der Liebe führen. Sie tragen ein sehr großes Potential an schöpferischer Inspiration und Umsetzungsfähigkeit in sich.

Mentale Manifestation – Angst

Wie entsteht Angst? Eine berechtigte und wichtige Frage auf dem Weg nach Hause, ist sie doch bei sehr vielen der Suchenden der Grund für ihre spirituelle Suche. Angst wird im Herzen durch Dunkelheit geboren und kann nur im Herzen durch das Licht der Liebe wieder erlöst werden. Welcher Ort für die Geburt von Angst wäre besser geeignet als im Herzen von Afrika. Dort war in der Stadt Saba die ursprüngliche Spielkulisse der Priesterrollen. Gleich nach dem Vorfall inkarnierte Luciael mit seinen dreihundert Gefährten in menschlichen Körpern in Saba, um von dort aus die Kontrolle über die Erde wiederzugewinnen. Sein Ziel war, seine göttliche Mutter von ihren Vorbehalten gegen die Innovation des Spiels zu befreien. Kaum inkarniert wurde er sich seiner begrenzten Möglichkeiten als Mensch bewusst und er schuf als erstes ein weltliches Ordnungssystem, das er den Menschen als Hilfsmittel geben wollte, damit sie sich nicht in das irdische Karma verstricken sollten. Für die Verbreitung dieser Regeln baute er den ersten Tempel in Saba und bildete darin Lehrer aus, die er später in die ganze Welt schickte, um die Gesetze der göttlichen Ordnung nicht zu vergessen. Er schuf damit die erste Religion. Im zweiten Schritt wandte er sich an einzelne Menschen aus der spirituellen Gesamtebene heraus, wie zum Beispiel Abraham, die in seinem Auftrag ebenfalls diese Regeln weitergeben sollten. Seine erste Motivation war Fürsorge. Nach einiger Zeit stellte er aber fest, dass die Menschen sich keineswegs an diese Regeln hielten, weil das in ihrem ursprünglichen Spielprogramm nicht vorgesehen war. Sie sollten sich nur auf das innere Unterscheidungsvermögen durch ihr Selbst verlassen. Davon waren sie nun aber durch Luciaels Aktionen getrennt und sie dachten gar nicht daran, auf irgend jemanden außerhalb ihrer Selbst zu hören oder ihr Spiel zu verändern. Luciael war zuerst hilflos und dann wurde er wütend, er befand sich ja in einer Priesterrolle, was ganz der Rollenstruktur entsprach. Er praktizierte nun das Gegenteil und erließ eine ganze Liste von Drohungen, die ein Zuwiderhandeln seiner Regeln zur Folge hätten. Er ließ diese Drohungen in allen Winkeln der Welt durch seine Gefolgsleute bekannt geben und es breitete sich auf der ganzen Erde Angst und Schrecken aus. Das war der Beginn des Glaubens an die Dunkelheit und an die Dämonen. Alle nachfolgenden Religionen haben im Kern diese ersten Regeln Luciaels übernommen und auch die damit verbundene Angst vor der Willkür des rächenden Gottes bei Zuwiderhandlung. Alle Priester, die diese Lügen von Rache und Vergeltung im Namen Gottes in die Herzen der Menschen gelegt haben, sind heute mit der gleichen Angst konfrontiert, die sie bei anderen Menschen erzeugt haben. Da jeder von uns irgend wann einmal innerhalb einer Religion das Wort Gottes verkündet hat, liegt die Angst auch im Herzen jedes Menschen. Besonders stark sind diese Ängste natürlich bei den Menschen, die viele Inkarnationen als Religionsführer hatten. Begleiten wir eine Priesterrolle, die in Saba ihre erste Inkarnation hatte und ein Begleiter Luciaels war in seine nächsten Lebenserfahrungen. Er war ein fleißiger Bewunderer von Luciael und bringt seine Lehren in der Priesterverkörperung bis nach Lemurien, wo er sein irdisches Leben beendet.

Emotionale Manifestation – Panikattacken

Er wird in Lemurien als Sohn eines Clanführers wiedergeboren. Lemurien befand sich im pazifischen Ozean zwischen Australien und Asien und diente bisher als Spielkulisse der Kämpferrolle. Mit dem Einbruch in diese abgeschlossene Welt durch die Priesterverkörperungen veränderte sich diese Lebenskultur völlig. Unser Priester wächst nun in dieser Welt heran und spürt schon in jungen Jahren den heftigen Wunsch in sich, die göttlichen Regeln und Drohungen von Luciael hier zu manifestieren, weil er in sich eine Angst vor Strafe spürt, die er durch Gehorsam abwenden will. Er ist noch nicht völlig von seinem Selbst getrennt und kann sich noch an seine göttliche Herkunft erinnern. Außerdem verfügt er über einen Teil seiner göttlichen Fähigkeiten und so erhebt er sich schon in jungen Jahren über die anderen Menschen und bringt neue Lebensregeln und Strukturen für diese Menschen, die von Natur aus Rituale und Regeln bevorzugen. In Lemurien treffen seine Ideologien auf fruchtbaren und furchtbaren Boden. Hier wird der erste totalitäre Staat geboren mit einer Kontrolle der Bürger durch das Staatsorgan. Die kleinsten Verfehlungen werden mit strengen Strafen für Körper, Geist und Seele geahndet mit der Argumentation, dass dieses Verhalten im Sinne des höchsten Gottes sei. In den Menschen prägt sich der Glaubenssatz ein, dass der Mensch von Natur aus ein Sündiger ist und das Schuldgefühle als Kontrollinstanz lebenswichtig seien. Kontrolle wird zum ersten Gesetz erhoben. Wer die Kontrolle ein bisschen verliert, erleidet Schmerz durch körperliche Strafe und wer die Kontrolle ganz verliert, wird getötet und verliert sein Leben. Im Laufe des Lebens unseres Priesters werden viele Menschen nach seinen Regeln bestraft und erleiden Schmerzen, es wird aber niemand getötet. Als der Priester stirbt, trägt er die karmische Verknüpfung in sich, das er kontrollieren muss, weil es seine Aufgabe ist und er bei Kontrollverlust Strafe verdient und Schmerzen erleiden muss. Also wird er zukünftig bei jeder Missachtung seiner eigenen Wertmassstäbe eine schmerzhafte Panikattacke erleben müssen.

Körperliche Manifestation – Herzinfarkt

Damit es zu einer körperlichen Manifestation kommen kann, spielt der Wiederholungsfaktor und die daraus entstehenden Schuldgefühle eine große Rolle. Wenn wir die Inkarnationen dieses Priester weiter beobachten, werden wir feststellen, dass es noch weitere zwanzig Inkarnationen braucht, um zu einer physischen Manifestation zu führen. In jedem Leben wird sein Kontrollmechanismus komplizierter, weil die Regeln und Lebensbedingungen so unterschiedlich sind, dass er immer noch weitere Regeln hinzu fügen muss, um die Kontrolle zu behalten. Die Inkarnationsfolge führt den Priester nach Deutschland, wo er 1890 in Berlin als Sohn eines Bankiers wiedergeboren wird. Die preußische Zeitepoche entspricht genau seinem Grundcharakter von Zucht und Ordnung. Er ist ein korrekter Schüler und ein fleißiger

Student und steigt nach dem Vorbild seines Vaters ebenfalls in das Bankgeschäft ein. Das Bankhaus ist seit Generationen solide geführt worden und hat immer gute Gewinne und Renditen für die Kunden erwirtschaftet. In letzter Zeit wurden viele der Gelder in Börsengeschäfte investiert und es gab hohe Gewinne auszuschütten. Es läuft alles glatt und unsere Priesterrolle wagt gegen sein Naturell eine größere Investitionseinlage an der Börse, weil seine Geschäftspartner ihn dazu ermuntern. Es kommt, wie es kommen musste, die Wallstreet bricht zusammen, der Schwarze Freitag 1929 geht in die Weltgeschichte ein und unser Priester bekommt einen Herzinfarkt mit sechsunddreißig Jahren, an dem er stirbt. Seine Schuldgefühle durch den vermeintlichen Kontrollverlust, mehr investiert zu haben als gewollt, hat den Glaubenssatz in ihm, wer die Kontrolle ganz verliert, der muss sterben, aktiviert. Durch den Herzinfarkt wurde die über viele Leben aufgebaute Kontrollmauer durchbrochen und kann auch nicht mehr repariert werden. Der Priester kann seinen Mental- und Emotionalkörper künftig nicht mehr durchgängig kontrollieren, hier ist ein Bruch entstanden. Schauen wir weiter, was das für den Priester praktisch bedeuten wird.

Spirituelle Manifestation – Kontrollverlust

Das nächste Leben unseres Priesters beginnt in Deutschland 1950 und ist für ihn eine gute Zeit zur spirituellen Erweckung und Erleuchtung. Es ist eine Zeit des großen Umbruchs und der Befreiung, doch seine Egostruktur presst ihn weiter in das Korsett von Pflicht und Kontrolle. Er spürt mit seinem Herzen, dass er einen anderen Weg gehen sollte, doch die Angst und Panik, die er dabei spürt ist größer. So ignoriert er die Befreiungsaktionen der 70er Jahre und etabliert sich in den 80er Jahren in der aufstrebenden Konsumgesellschaft und wird wieder Banker. Zu Beginn fühlt er sich wohl dabei, weil ihm die Struktur und die Klarheit Sicherheit geben. Doch dann spürt er wie aus der Tiefe seiner Seele Emotionen und Gedanken an die Oberfläche kommen, die ihn völlig erschüttern und die er nicht einordnen kann. Er kann sich gar nicht davon lösen, die Gedanken kleben an ihm und wollen nicht gehen. Kleinigkeiten bringen ihn aus dem Konzept, er versucht sich im Tagesgeschehen und in der Öffentlichkeit zusammen zu reißen, aber kaum zu Hause, bricht die ganze Emotion und Angst aus ihm heraus. Wie ein wildes Tier kommt diese Wut über ihn und nimmt ihn dann ganz ein. Er meint in diesen Momenten seines Kontrollverlustes genau das, was er dann sagt, bzw. schreit und das macht ihm noch mehr Angst. Wer ist er, ist er ein Monster, was in Gottes Namen hat er getan, um so zu denken, so zu fühlen? Nach jedem Wutanfall kommt Ratlosigkeit und Scham in ihm auf, was soll er tun? Von diesem Punkt der Entwicklung an, gibt es für jeden Menschen nur noch den Weg nach vorn über die spirituelle Entwicklung bis zur Selbstverwirklichung oder bei beharrlicher Verweigerung in die geistige Verwirrtheit. Das ist die einzige Wahlmöglichkeit.

20. Die Verletzungen der Kämpferln

Die Rolle des Kämpfers hat ihren Ursprung in der Kulisse von Lemurien. Über Lemurien ist heute noch weniger bekannt als über Atlantis, deshalb will ich dazu kurz berichten. Als die Gefährten von Luciael sich in menschlichen Körpern der Priesterrolle inkarnierten und in die abgeschlossenen Welten der verschiedenen Rollentypen einbrachen, stießen sie in Afrika, Europa, Asien, Amerika und Australien auf neutralen Boden. In Atlantis trafen sie auf großen Widerstand und konnten sich nicht etablieren, weil die neue Ordnung von Luciael völlig von dem Bewusstsein der Gelehrten abwich. In Lemurien aber konnten sie durch die verwandte Struktur der Kämpferverkörperung sofort die Führung übernehmen und wurden mit Begeisterung unterstützt. Im Laufe der nächsten zweihundert Jahre nach dem Vorfall durch Luciael entwickelte sich in Lemurien ein totalitärer Staat unter der Führung von Ahriman, ein enger Gefährte von Luciael. Von dort aus wurden Schiffe mit Kampftruppen eingesetzt, die die ganze restliche Welt mit Waffengewalt in die neue Ordnung pressen sollten. Als eines dieser Schiffe Atlantis erreichte und versucht wurde, mit Gewalt hier einzudringen, setzten die Atlanter ihre kollektiven Fähigkeiten ein, um diese vernichtende Kampfenergie aufzuhalten. Sie versuchten lange Zeit diese von Lemurien ausgehende Energie zu wandeln und auf die restliche Welt zu übertragen, wofür ihre Kraft aber nicht ausreichte. Sie konnten nur eine Barriere für ihren eigenen Kontinent gegen Lemurien errichten. Im folgenden lieferten sich Atlantis und Lemurien einen Kampf nach dem anderen, bei dem die restliche Welt an den Folgen dieses Krieges in

Schmerz und Elend versank. Die Atlanter unternahmen dann unter der Führung von Erzengel Michael, mit dem sie über die spirituelle Gesamtebene im Kontakt waren, einen letzten energetischen Transformationsversuch, der beide Erdteile, Lemurien und Atlantis aus dem physischen Bereich der Erde in den Spiritualbereich bringen sollte, damit Lemurien die physische Macht auf der Erde entzogen werden konnte. Der atlantischen Bevölkerung wurde freigestellt, den Kontinent physisch zu verlassen oder aber mit in den Spiritualbereich zu gehen. Dieses Ereignis fand ungefähr 1000 Erdenjahren nach dem Vorfall von Luciael statt, also ungefähr vor 6000 Jahren. Dieser Transformationsversuch war erfolgreich und hatte zur Konsequenz, dass beide Erdteile, Atlantis und Lemurien von der vierten Dimension der Erde auf die spirituelle Gesamtebene, für unsere physischen Augen unsichtbar, verschwanden. Lemurien konnte seit dieser Zeit auf der Erde physisch nicht mehr eingreifen, nimmt aber über den Aetherkörper noch immer und seit dem Zünden der ersten Atombomben auch wieder erfolgreich Einfluss auf die Körperebene der Erde. Alle Verkörperungen aus Lemurien, die sich zum Zeitpunkt dieser Transformation außerhalb von Lemurien befanden, inkarnierten auf den anderen Erdteilen und vermischten sich mit allen anderen Rollenstrukturen. Wählen wir eine weibliche Kämpferfigur aus und begleiten wir sie bei ihren Lebenserfahrungen.

Mentale Manifestation – Ehrgeiz

Ihre nächste Inkarnation nach dem Verschwinden von Lemurien auf die spirituelle Gesamtebene, ist in China vor 4000 Jahren. Diese Welt besteht zum größten Teil aus Künstlerverkörperungen, die keinen natürlichen Wunsch nach Struktur oder System in sich tragen und überhaupt keine aggressiven Tendenzen verspüren. Sie lassen sich leicht überzeugen und probieren gerne alles Neue aus. Hier kann unsere Kämpferin sich selber sehr schnell an die Führungsspitze setzen und von ihren Ideen nach Ordnung und System überzeugen, weil eine Struktur zunächst Erleichterung in das vorhandene sehr bunte und vielfältige, aber auch unübersichtliche künstlerische Schaffen bringt. Sie beginnt zu sortieren und einzuordnen, dafür muss sie die einzelnen Tätigkeiten und Leistungen in einen Wertekatalog bringen. Um diese Menschen ohne Gewalt zu gewinnen, sie ist allein unter vielen, beginnt sie nun zu schmeicheln und zu loben und den Erfolg zu belohnen. Das finden die Künstlerverkörperungen sehr schön, das gefällt Ihnen. Lob und Beifall ist die richtige Motivation, sie zu besseren Leistungen zu bringen. Erreichen sie ihr Ziel nicht, werden sie ausgelacht und verhöhnt und bekommen keine materielle Vergütung für ihre Leistung, sie müssen hungern. Die Kämpferin konditioniert das Künstlervolk auf die Prägung von Ziel erreicht, gleich Lob und Belohnung und Ziel nicht erreicht, gleich Spott und Hunger. Sie hat viel Erfolg damit und baut sehr viel Stolz auf ihre Fähigkeiten und das Erreichte auf. Sie hat ein langes Leben und stirbt an Altersschwäche. Wenn für sie wieder die Zeit einer neuen

Inkarnation gekommen ist, wird sie sehr viel Stolz in sich tragen und auf Lob mit großem Leistungswillen reagieren, bei Tadel wird sie sich schämen und materiellen Schaden befürchten.

Emotionale Manifestation – Existenzangst

Das nächste Leben wird sie ebenfalls in China verbringen. Da sie sehr viel gutes Karma durch ihre gute Führung ihrer Gemeinschaft aufgebaut hat, wird sie auch hier eine Führungsposition bekommen. Nun ist aber auch in China das Patriarchat eingezogen und eine weibliche Verkörperung ist hier im Außen machtlos. Sie wird die Frau eines chinesischen Kantonfürsten. Zu Beginn ihrer Ehe muss sie sich völlig ihrer Schwiegermutter unterordnen, die als älteste Frau den Haushalt des Fürsten regiert. Das Ein- oder Unterordnen macht ihr keine Probleme, so lange sie für ihre Leistungen und ihren Gehorsam belohnt wird. Nun ist ihre Schwiegermutter eine recht launenhafte und kapriziöse Frau in der Künstlerverkörperung, die von Regeln nicht besonders viel hält. Mal tadelt sie und mal belohnt sie, gerade so wie es ihr gefällt. Das schafft eine große Unsicherheit in der Kämpferin und sie hat es in diesem Haushalt sehr schwer und sie entwickelt eine Abwehr gegen die Unberechenbarkeit ihrer Schwiegermutter. Als diese dann endlich stirbt und ihr die Nachfolge überlässt, ist sie schon sehr verbittert und hart geworden. Umso unnachgiebiger wird sie in der Rolle des Haushaltsvorstandes. Sie erwartet Gehorsam und Disziplin von der Dienerschaft und ihren Schwiegertöchtern, um damit auszugleichen, was ihre eigene Schwiegermutter ihrer Meinung nach versäumt hat. Sie ist unbeugsam denen gegenüber, die ihrem Leistungsanspruch nicht gerecht werden oder ihr widersprechen. Wer faul und nachlässig ist bekommt nichts zu essen und muss wirklich Hunger leiden. Sie löst in ihren Schutzbefohlenen Existenzangst aus. Diese Prägungen wird sie selber in ihrem eigenen Mental- und Emotionalkörper übernehmen, was später wiederum in Verbindung mit Schuldgefühlen körperliche Manifestationen zur Folge haben wird. Auch sie wird in vielen weiteren Lebenserfahrungen weder eine Verstärkung noch eine Verbesserung ihrer Prägungen feststellen, bis sie wieder auf Lebensumstände trifft, die eine weitere Herausforderung für diese Muster bedeuten.

Körperliche Manifestation - Gallensteine

Irgendwann wird auch sie in der Gegenwart inkarnieren, weil die gesellschaftlichen Bedingungen dieser Zeitepoche auf ihre eigene Egostruktur passt. Sie wird im Jahr 1945 zum Ende des zweiten Weltkriegs in Thüringen geboren. Sie erlebt dadurch tatsächlich Existenzangst und Hunger, was sie ja bei anderen in anderen Leben ausgelöst hat. Sie erlebt es nicht bewusst, sie ist ja noch ein Kind. Es reicht aber aus, um die Existenzangst in ihr wieder bewusst zu aktivieren. Der Krieg geht vorbei, der Aufschwung kommt und die guten Jahre beginnen. Sie wächst in den Wohlstand hinein, macht eine Ausbildung als Erzieherin und heiratet mit Anfang zwanzig ihre Jugendliebe, einen aufstrebenden Kaufmann der Versicherungsbranche. Ihr aktuelles Leben sieht rosig aus und sie müsste mit Freude in die Zukunft blicken. Wenn da nicht eine unbestimmte Sorge und Angst in ihr wäre, die sie noch nicht erklären kann. Sie verdrängt diese Gefühle und Gedanken und wird erst einmal schwanger. Die Mutterschaft gefällt ihr gut. Durch die Fürsorge für die Kinder vergisst sie ihre Existenzsorgen. Seit sie selber nicht mehr berufstätig ist und darauf angewiesen ist, was ihr Mann verdient und ihr für den Haushalt zur Verfügung stellt, ist sie ständig in Sorge, ob das Geld reicht. Hoffentlich passiert nichts von Außen. Sie hat vor Arbeitslosigkeit und vor der Unberechenbarkeit des Schicksals große Angst. Ende der 70er Jahre verändert sich die Wirtschaftskonjunktur und ihr Mann verliert tatsächlich seinen Arbeitsplatz. Er bekommt zwar sofort eine neue Stelle, ist insgesamt nur vier Wochen wirklich arbeitslos, aber für die endgültige Manifestation des Musters unserer Kämpferin reicht es aus. Ein halbes Jahr später werden Gallensteine bei ihr diagnostiziert, die auch gleichzeitig die Erklärung für ihre Oberbauchschmerzen sind, die sie seit einigen Jahren immer wieder quälen. Sie beginnt gleich darauf, sich wieder eine eigene Arbeitsstelle zu suchen, um aktiv an der Versorgung der Familie teilzunehmen. Die Eheleute entfremden sich in den nächsten Jahren, der Mann nimmt sich eine Geliebte und will noch einmal von vorn anfangen. Anfang der 90er Jahre kommt es zur Scheidung. Ab 1982 beginnt Metatron im Auftrag der göttlichen Mutter die inkarnierten Lichtarbeiter zu wecken und erreicht 1992 unsere Kämpferin.

Spirituelle Manifestation – Selbstverleugnung

Unsere Kämpferin ist zu diesem Zeitpunkt 47 Jahre alt und völlig auf sich gestellt. Die Kinder gehen schon ihre eigenen Wege und wohnen nicht mehr bei ihr. Sie sieht keinen wirklichen Lebenssinn und verfällt in Mutlosigkeit. Sie arbeitet zwar in ihrem alten Beruf und hat sich auch weiter gebildet, doch in ihr ist eine große Müdigkeit und Enttäuschung, die sie gar nicht erklären kann. Das neue Glück und die Zuversicht ihres Mannes gönnt sie ihm zwar, aber seinen Verrat und seine Untreue ihr gegenüber machen ihr schwer zu schaffen. Ihr ganze Selbstvertrauen und Selbstbild ist stark erschüttert. Sie traut sich nichts mehr zu und fühlt sich als Versagerin. Sie hat nichts erreicht, als Frau nicht und nicht im Lebenskampf. Das alte Muster, dass sie bei Versagen nur mit Hohn und Spott zu rechnen hat, kommt jetzt durch das Aktivieren ihres Spiritualkörpers durch Metatron mit aller Heftigkeit ans Licht. Sie spürt auch in letzter Zeit eine starke innerliche Unruhe in sich, die sie tagsüber durch Aktivität überspielt, doch wenn sie abends nach Hause kommt greift sie zu Beruhigungstabletten oder trinkt und isst zur Entlastung. Sie lässt sich nicht gehen, dafür ist ihre Disziplin zu groß. Sie beginnt ganz langsam ihr wahres Selbst zu verleugnen und innerlich zu schrumpfen. Sie traut sich nichts mehr zu und wartet auf Erlösung. Sie beginnt mit Ende vierzig sich nach einem Idealpartner, einem Traummann zu sehnen, der sie aus ihrer Einsamkeit erlösen soll. Sie selber fühlt keine Kraft dafür in sich. Sie weiß es noch nicht, aber es ist nicht wirklich ein Drama, was dort mit ihr passiert. Es ist der Beginn ihrer spirituellen Selbstverwirklichung, sie ist jetzt bereit dafür.

21. Die Verletzungen der PrinzEssin

Die Verkörperung der Rolle der PrinzEssin ist für die Anforderungen in unserer heutigen an Leistung orientierten Gesellschaftsform nicht, bzw. sehr schlecht geeignet. Auch wenn mittlerweile ganz selten noch reine Formen dieser Rolle anzutreffen sind, bleibt ihr typisches Merkmal, der Reichtum, in jeder Mischform unverkennbar. Sie sind immer irgendwie dadurch auch körperlich auffällig. Sie sind besonders schön, besonders dick oder besonders dünn und sie lassen sich alle sehr schlecht in diese leistungsorientierte Welt hineinpressen. Sie wollen um ihrer Selbst willen geliebt werden, was ihnen nach den göttlichen Wertmaßstäben auch zusteht. Nicht sie sind falsch sondern wir leben in einer entarteten Welt. Was kann falsch daran sein, so zu sein und zu bleiben, wie die Schöpfung es vorgesehen hat? Vom Grundsatz her völlig richtig, doch leider ist keiner der heutigen Prinzenverkörperungen ohne Verletzungen anzutreffen, wodurch ihr Anspruch dann wiederum nicht berechtigt ist. Ihre größte Schwäche ist die Gier, die auch in den Mischformen sehr deutlich die Egostruktur dominiert. Es ist also kein Zufall, dass Amerika als Ursprungskulisse der Prinzenrolle soviel Reichtum, aber auch so viel Gier aufzuweisen hat. Die Vermischung der Ursprungsrolle hat durch die Kämpfer aus Lemurien vor mehreren tausend Jahren statt gefunden, daraus sind die Mayakultur, die Azteken und die Inkas hervor gegangen, sowie die Indianerstämme in Nordamerika, die sich dann später nochmals mit den Heilern aus Australien und den Herrschern durch die Wikinger vermischt haben. Die letzten Vermischungen in ganz Amerika begann durch die Entdeckungsreisen der Neuzeit mit Christofero Colombo. Beginnen wir bei unserer karmischen Ursprungsbetrachtung in dieser Zeit und begleiten wir eine Inkaprinzessin auf ihren Lebenserfahrungen.

Mentale Manifestation – Wünsche

Ein Mensch, der mit sich im Gleichgewicht ist hat keine Wünsche. Er begrüßt alles mit Freude, was ungefragt zu ihm kommt und lässt alles ohne Bedauern gehen, was ihn wieder verlassen will. Er ist im Fluss des Gebens und Nehmens. Wünsche entstehen aus einem Bewusstsein von Mangel. Wie entsteht Mangel in uns? 1492 entdeckt Cristoforo Colombo mit seinen Schiffen den südamerikanischen Kontinent und es beginnt wenig später ein Eroberungsfeldzug. Bewohnt ist das Land zu dieser Zeit von zwei Hochkulturen, den Inkas und den Azteken. Eine Gruppe der späteren Eroberer erreicht eine Inkasiedlung, sie werden freundlich empfangen und die Soldaten und Offiziere verbinden sich mit den Frauen der Inkas, sie leben miteinander. Die spanischen Eroberer haben nie soviel Reichtum und Fülle erlebt wie in dieser prachtvollen Welt. Für unsere Prinzessin ist dieses Leben der Alltag und sie kennt gar keinen Mangel oder sogar Armut, wie es in Europa auch schon zu dieser Zeit die Regel war. Nach einer Weile wollen die Eroberer zurück nach Hause kehren. Unsere Prinzessin hat sich ganz der Liebe ergeben und kann es nicht ertragen, ihren Geliebten fortgehen zu sehen, sie will unbedingt mit. Der Offizier mit dem sie sich verbunden hat, ist ein vernünftiger und verantwortungsvoller Mann und will sie nicht mitnehmen, nicht weil er sie nicht liebt, sondern weil er mit Recht vermutet, dass sie in seiner Welt nicht bestehen kann. Sie wird nun wie ein schmeichelndes Kind und verspricht ihm den Himmel auf Erden, wenn er sie mitnimmt. Sie schildert ihr künftiges gemeinsames Leben in den schönsten Farben, zeigt ihm Edelsteine und Gold, was sie mitnehmen will und weckt in ihm große Erwartungen und Hoffnungen auf ein reiches und glückliches Leben mit ihr. Er nimmt sie wider besseres Wissen mit nach Europa, wo genau das eintrifft, was er befürchtet hat. Sie kann die Kälte nicht ertragen, den Schmutz in den Gassen, die Armut und die Krankheit der Menschen und beginnt über ihr neues Leben zu weinen und zu klagen. Beide sind enttäuscht für den Rest ihres Lebens und machen den anderen dafür verantwortlich. Der Offizier sehnt sich nach seinem alten freien Leben vor der Begegnung mit der Prinzessin und sie sehnt sich nach ihrem Leben vor der Begegnung mit dem Offizier. Als Urheberin dieses Dramas wird unsere Prinzessin alle unerfüllten Wünsche und Sehnsüchte in sich tragen, die sie bei dem Offizier und bei sich selbst hervorgerufen hat.

Emotionale Manifestation – Unzufriedenheit

Im nächsten Leben wird die Prinzessin im Jahr 1620 als Tochter eines spanischen Edelmannes wiedergeboren. Sie hat von Kindheit an ein unruhiges und unzufriedenes Wesen. Was sie bekommt, ist immer nicht das richtige und sie weiß aber selber nicht so recht, was sie eigentlich will. Die Mutter ist überfordert und gibt sie zur Amme. Der Vater, der dieses Mädchen sehr liebt ist von der Schönheit dieses Kindes tief angerührt und verstärkt die Launen seiner Tochter dadurch, dass er alle ihre Wünsche erfüllt, weil es ihm Freude macht sie glücklich zu sehen. Das schadet natürlich ihren schon vorhandenen Verletzungen und so werden ihre Wünsche immer ausgefallener, je älter sie wird. Als sie sich zur jungen und sehr schönen und begehrenswerten Frau entwickelt, laufen ihr die Bewerber scharenweise zu. Sie kann sich nicht entscheiden, weil ihr keiner gut genug erscheint, bei jedem, der ihr begegnet hat sie etwas anderes auszusetzen. Sie will nun das Schicksal entscheiden lassen und gibt jedem der jungen Männer eine schier unlösbare Aufgabe mit der Aussicht, wer die Aufgabe löst, bekommt sie zur Frau. Keiner der Bewerber kann letztendlich seine Aufgabe erfüllen und so bleibt sie allein zurück mit einer mittlerweile krankhaften Sehnsucht nach Erfüllung ihrer Wünsche. Zu ihrer bereits vorhandenen Sehnsucht nach Wunscherfüllung werden in künftigen Leben die Gefühle hinzugefügt werden, die sie bei den jungen Männern ausgelöst hat. Sie hat erst einmal sexuelle Lust erweckt, indem sie sich selbst körperlich als Preis ausgesetzt hat und gleichzeitig Frustration erweckt, weil keiner von ihnen zum Ziel gekommen ist. Im nächsten Leben werden sich Sehnsüchte nach Wunscherfüllung mit sexueller Lust verbinden.

Körperliche Manifestation – Triebhaftigkeit

Das nächste Leben führt sie an den spanischen Hof als Zofe der Königin. Es ist das Jahr 1720 und der spanische Hof ist erzkonservativ und Körperlichkeit ist völlig verpönt und wird mit Strafe geahndet. Unsere Prinzessin trägt eine starke sexuelle Lust in sich, die sie unter diesen Bedingungen natürlich sehr quält, weil sie nicht ausgelebt werden darf. Sie hält sich zunächst an die Regeln, was ihr schwer fällt, aber sie kennt die Konsequenzen, wenn sie nicht jungfräulich in die Ehe geht. Wer ihr Mann werden wird, wird von der Königin entschieden, wovon sie sich natürlich mit ihrer Struktur einen wunderbaren Prinzen erhofft. Sie ist in diesem Leben auch wieder besonders begehrenswert und so erscheint es der Königin politisch vorteilhaft sie an einen einflussreichen Grafen zu geben, der zwar ausgesprochen hässlich und viel älter als die junge Zofe ist, der Königin aber politische und wirtschaftliche Vorteile bringt. Die junge Zofe ist völlig am Boden zerstört, als sie ihren Gemahl zum ersten Mal sieht. Sie heiratet ihn zwar, aber beginnt schon gleich nach der Eheschließung eine Affäre mit einem hübschen jungen Ritter. Das bleibt nicht die letzte, weil auch diese sexuelle Erwartung sich nicht erfüllt und so geht sie zum nächsten Mann und erlebt die gleiche Frustration. Nach kurzer Zeit schon wird sie von einem verlassenen Liebhaber bei ihrem Ehemann denunziert. Der fackelt nicht lange und wirft sie aus seinem Haus hinaus. Mittellos steht sie nun auf der Straße, sie hat als Frau in dieser Zeitepoche keine Chance auf standesgemäße Behandlung durch ihre Eskapaden. Sie bittet bei ihren Eltern um Aufnahme, die sie auch bekommt. Die Eltern, die um ihren eigenen Ruf fürchten, bringen sie in ein weit abgelegenes Kloster, wo sie bis zu ihrem Lebensende unter ihren Schuldgefühlen und ihren sexuellen Trieben leidet. Sie geißelt sich selber, wenn sie sexuelle Lust empfindet und weint viele Tränen für ihre Schwäche. Dann versucht sie durch Nahrungsentzug ihren Trieb zu bannen, bis sie nichts mehr spürt und belohnt sich zum Schluss mit Essen, um sich wieder zu trösten. Dabei bleibt es dann, sie tröstet sich künftig durch Essen. Sie hat anschließend noch neun weitere Leben in Spanien, Italien und Frankreich, in denen keine großen karmischen Veränderungen eintreten. Bis auch sie in der aktuellen Zeit wiedergeboren wird.

Spirituelle Manifestation – Bulemie

Sie wird 1970 in Düsseldorf als zweites von drei Kindern einer Lehrerfamilie geboren. Die Eltern sind konservativ aber liberal eingestellt. Sie ist immer noch sehr schön, doch mittlerweile ein sehr stilles und unauffälliges Mädchen. Nicht, dass sie keine Wünsche oder Sehnsüchte in sich hätte, doch bleiben sie in ihrem Inneren verschlossen. Sie glaubt, wenn sie nichts von ihren Gedanken und Gefühlen zeigt, dann ist sie in Sicherheit. So macht sie alles in ihrem Inneren mit sich aus und zeigt nur das, was sie vorher gewogen und geprüft hat, ob ihr kein Schaden daraus entstehen kann. Sie kommt in die Pubertät und der Sexualtrieb wird wach. Das kennt sie schon und sie versucht den Trieb über die Nahrung zu beruhigen, doch jetzt erlebt sie etwas Neues. In den anderen Zeitepochen waren üppige weibliche Formen beliebt und so fiel ihre Neigung nicht auf. Das ist jetzt anders, jetzt werden kindliche Frauenmaße bevorzugt, die schon mit normalem Essverhalten schwerlich zu erhalten sind. Ihr Körper gerät aus der Facon und sie entwickelt Schuldgefühle, weil sie dadurch auffällt. Die alten Ängste tauchen auf und ebenfalls der Wunsch sich dafür zu bestrafen. Also beginnt sie nach jeder Fressattacke sich durch schmerzhaftes Erbrechen zu bestrafen. Ein Teufelskreis beginnt sich zu schließen und die Ursache dafür, die unerfüllten Versprechen, kann gar nicht ins Bewusstsein gelangen, weil ihr Focus nun ganz auf die Nahrungsaufnahme und die Entleerung gerichtet ist. Sie hat ihr Ziel erreicht, die Wünsche sind vergessen und der Sexualtrieb ist ausgeschaltet. Auch hier kann nur wirklich der Weg über die spirituelle Entwicklung ursächliche Heilung bringen.

Diese lange Zeitspanne der Allmacht durch den Mann, hat bei jedem Menschen Verletzungen in seinen sexuellen Empfindungen hinterlassen. Bei dem einen mehr und bei dem anderen weniger. Heilung benötigen wir alle.

22. Die Verletzungen der HeilerIn

Die Ursprungskulisse der Heilerrolle liegt in Australien. Durch das Verschwinden Lemuriens aus unserer physischen Welt war Australien für mehrere Jahrtausende von den anderen Kontinenten isoliert und konnte dadurch den Typus des Heilers in einer sehr reinen Form in den Aborigenes bewahren. In den Tausend Jahren zwischen dem Vorfall durch Luciael und dem Verschwinden von Lemurien aus unserer Welt sind aber viele der Heilerverkörperungen in die anderen Erdteile gelangt und haben sich mit den anderen Verkörperungen vermischt. Besonders in Afrika und Amerika sind sie heute verstärkt anzutreffen, aber auch in allen anderen Erdteilen haben sie sich vermehrt. Im Verhältnis machen sie heute circa neun Prozent der Gesamtverkörperungen aus. Sie haben alle einen starken Bezug zur Natur und zu Naturheilverfahren. Die meisten von ihnen leben mit Tieren und haben eine Abneigung gehen die gesamte Technologie. Sie leben gerne auf dem Land und werden körperlich krank, wenn sie in einer kleinen Etagenwohnung in der Stadt leben müssen. Sie müssen den Boden der Erde unter ihren Füßen spüren, dann sind sie glücklich und fühlen sich sicher. Fast alle haben Verletzungen in ihrem Prinzip Schönheit aufzuweisen, was sie anfällig für eine Vielzahl von körperlichen Zipperlein macht. Die gesamte Palette der Allergien und Hautreaktionen auf chemische Zusätze sind in der Regel bei diesen Verkörperungen verstärkt anzutreffen. Ist das Prinzip stark verletzt, können wir das an deformierten Füßen, Händen und am gesamten Skelett wieder finden. Es besteht eine Angst vor körperlicher Gewalt und eine große

Schmerzempfindlichkeit. Die Neigung zu Verletzungen und Unfällen ist häufig zu beobachten.

Mentale Manifestation – Ablehnung

Gehen wir dafür noch einmal in die Zeitepoche direkt nach dem Vorfall durch Luciael in das Ursprungsland der Heiler nach Australien. Dort lebt eine Gruppe von Heilerverkörperungen ganz in Frieden in dem Bewusstsein von Vollkommenheit und Verbundenheit mit der Natur. Ein Abgesandter von Lemurien und ein Abgesandter von Atlantis erreichen gleichzeitig die Abgeschiedenheit dieser Lebensform. Beide wollen ein Bündnis für ihre Sache mit den Heilern eingehen und bitten um Unterstützung. Sie beginnen also ihre Argumente vorzutragen und wollen überzeugen, dafür schildern sie in erster Linie die Vorteile und Nachteile, mit denen das Volk zu rechnen hat, wenn es sich für die eine oder andere Sache entscheidet. Das Heilervolk reagiert zunächst mit Unsicherheit, weil alleine schon das Eindringen in ihren geschützten Lebensraum für sie eine Belastung bedeutet. Bisher sind sie davon ausgegangen, dass nur ihre Verkörperungsform und ihre Lebensart die einzig Mögliche sei. Um sich entscheiden zu können, müssen sie eine Alternative erst kennen lernen. Also teilt sich die Gruppe auf und die eine Hälfte lernt die Welt des Kämpfers kennen und die andere Hälfte der Gruppe lernt die Welt des Gelehrten kennen. Da die Heiler von ihrer Grundstruktur weder über Fähigkeiten der Kämpfer noch über Fähigkeiten der Gelehrten verfügen, weil beides in ihrer Welt bisher nicht gebraucht wurde und deshalb in der Rollenstruktur nicht enthalten ist, erleben sie alle die Erfahrungen von Schwäche und Versagen. Weder körperlich, noch mental oder emotional sind sie dafür ausgestattet, eine andere als ihre eigene Lebensform optimal zu bewältigen, sie müssten sich verändern und anpassen, was ihnen schwer fällt zu akzeptieren, weil es gegen ihren Vollkommenheitsanspruch verstößt. Daraus entsteht in ihnen zuerst ein grundsätzliches Unterlegenheitsgefühl anderen Lebensformen oder einer anderen Lebensart gegenüber. Um das für sich auszugleichen, beginnen sie nach Mängeln und Schwächen der anderen Lebensformen zu suchen und sie mit ihrer eigenen Art zu vergleichen. Je mehr Mängel sie finden, um so leichter fällt ihnen dann die Ablehnung einer anderen Form und sie müssen sich nicht anpassen und verändern.

Emotionale Manifestation – Eifersucht

Eifersucht ist eine Leidenschaft, die mit Eifer sucht, was Leiden schafft. Dies ist die kürzeste und treffendste Definition dieser Eigenschaft, die ich je gehört habe. Sie hat ihre Wurzeln im Neid und deshalb ist sie für die Verkörperung des Heilers beispielhaft. Wie entsteht Eifersucht, diese hinterhältigste aller selbst zerstörenden Energien? Sie schleicht sich unbemerkt in die Herzen der Menschen und vergiftet von dort aus tröpfchenweise und unbemerkt die Beziehungen zwischen Paaren, Freunden, Gruppen, Ländern und ganzen Welten. Damit Eifersucht wirken kann, müssen mindestens drei unterschiedliche Parteien eine Verknüpfung miteinander haben. Zwei Parteien, die eine Beziehung miteinander haben und eine dritte Partei, die Unfrieden zwischen beiden säen kann. Beobachten wir dafür einen männlichen Heiler, der sich nach der Vermischung mit den anderen Rollentypen in Ägypten vor 3500 Jahren inkarniert und als illegitimer Sohn des Pharao zur Welt kommt. Er trägt bereits eine karmische Verletzung von Ablehnung in sich und soll durch diese Außenseiterposition die karmische Belastung ausgleichen, in dem er sich Selbst achtet und respektiert. Sein Leben ist zunächst sehr angenehm. Er hat eine sehr liebevolle und fürsorgliche Mutter und bekommt von seinem Vater Aufmerksamkeit und ein großzügiges sicheres Heim geboten. Der Pharao hat mehrere illegitime Kinder, von denen zwei männlich sind, unser Heiler und noch ein etwas jüngerer Halbbruder. Seine Mutter ist eine ehrgeizige Kämpferpersönlichkeit, die ihren Sohn sehr früh fordert und Ehrgeiz in ihm erwecken will. Dazu ist ihr jedes Mittel recht, besonders gern benutzt sie den Halbbruder als Vorbild und Beispiel. Sie schürt das Konkurrenzdenken zwischen ihnen. Unser Heiler, der seinen Halbbruder liebt, spürt jetzt allmählich eine Ablehnung gegen ihn und später sucht er Mängel und Schwächen an ihm, weil durch den ständigen Vergleich, den die Mutter zwischen beiden anstellt, sein Unterlegenheitsgefühl wieder erwacht. Dann bestätigt der Pharao ihm seine Thronfolge durch die Heirat mit seiner ehelichen Tochter, die ihn dadurch nach ägyptischen Gesetz legitimiert. Er vergisst jetzt die Zwistigkeiten und erlebt eine Phase des Glücks durch diesen Erfolg, bis sein Vater stirbt und er die Thronfolge antritt und seine Ehe mit seiner Halbschwester vollziehen soll. Die duldet ihn als Gemahl, aber achtet ihn nicht als Mensch. Sie macht aus ihrer Ablehnung gegen ihn und ihre Vorliebe dem Halbbruder gegenüber kein Geheimnis und so entsteht erneut dieses Gefühl von Ablehnung, Schwäche und Unterlegenheit in ihm. Doch jetzt mit weltlicher Macht ausgestattet, schlägt er zurück und beschuldigt seine Frau der Untreue mit dem Bruder, lässt sie beobachten und bespitzeln und quält sie mit seiner Eifersucht. Auch vor seinem Bruder macht er keinen Halt und beschuldigt auch ihn der Untreue und des Verrats und droht beiden mit körperlicher Gewalt, wenn er seinen Verdacht bestätigt sieht. Er löst in seiner Frau und seinem Bruder Angst vor körperlicher Gewalt aus und Hilflosigkeit sich dagegen wehren zu können. Sie sind ihm ohnmächtig ausgeliefert, obwohl sie unschuldig sind. Alles was er in sich selber aufgebaut hat, Ablehnung, Schwäche und Unterlegenheit, wenn er konkurrieren soll, prägt sich ein in Verbindung mit Eifersucht und ohnmächtige Angst vor körperlicher Gewalt, was er bei seiner Frau und seinem Bruder ausgelöst hat. Eine perfekte Grundlage, um autoaggressive Energien ins Leben zu bringen.

Körperliche Manifestation – Fibromyalgie

In seinen nächsten Lebenserfahrungen wird er eine Reihe unbedeutender Leben in mehreren Ländern und Zeitepochen erfahren, weil er seine Machtposition missbraucht hat. Da er über wenig Lebenskraft verfügen wird und Angst vor körperlicher Gewalt hat, wird er keine weiteren karmischen Belastungen aufbauen, weil er sich lieber in alles einfügen wird. Bis auch er wieder auf Bedingungen trifft, die sein Muster entweder auflösen oder verstärken werden. So kommt er in der Gegenwart im Jahr 1952 in Bremen zur Welt. Er ist ein körperlich etwas schwacher Junge, der lieber liest als mit den anderen Jungen Fußball zu spielen. Er rauft nicht gerne und geht allen Schwierigkeiten lieber aus dem Weg. Sein Leidensweg beginnt schon im Kindergarten. Jedes Spiel ist darauf ausgerichtet zu gewinnen, was eine Konkurrenzsituation für ihn bedeutet und ihm Unbehagen bereitet, weil dadurch jedes Mal das Muster von Ablehnung und Schwäche auf Angst vor Gewalt und Ohnmacht trifft. Um das zu unterdrücken, setzt er seinen Willen ein, der dagegen arbeitet. Als er zur Schule kommt, wird der Konkurrenzdruck stärker und seine Angst vor Gewalt und Ohnmacht nehmen zu, aber auch seine Willenskraft nimmt mit zunehmender Angst zu. Er spürt eine neue Kraft und eine Fähigkeit, wie er durch seinen Willen seine Ohnmacht und Schwäche regulieren kann. Dadurch kommt er zunächst zu ungeahnten Kräften, die er aus dem Solarplexus, dem Zentrum des egozentrierten Willens, bezieht. Plötzlich bekommt er Spaß an dem Konkurrenzspiel, was er bisher fürchtete. Nun erscheint ihm kein Ziel zu hoch, kein Weg zu weit, was er nicht erreichen könnte. Er lebt ausschließlich aus seinem Willen heraus und verliert den Zugang zu seinem Selbst und seinen karmischen Prägungen und kann sie ignorieren. Er wird mit diesem Konzept erfolgreich und erreicht alles, was er sich kraft seines Willens vornimmt. Er lebt damit aber gegen seine Natur und bricht eines Tages auf dem Höhepunkt seiner Schaffenskraft zusammen. Er nimmt eine Auszeit und geht in sich. Er kann sich gar nicht wieder erholen und wird so schwach, dass er seinen Tagesablauf nicht bewältigen kann. Dazu kommen unbestimmte psychische Symptome, deren Ursache keiner erklären kann. Die Ärzte sind ratlos und diagnostizieren dann erleichtert Fibromyalgie. Eine neue Krankheit, die auf alle ungeklärten Krankheitssymptome passt und so hat das Kind wenigstens einen Namen. Wenn dieser Fall eintritt, dann geschieht unserem Heiler große Gnade, denn diese Krankheit wird ihn dann verlassen, wenn er bewusst seine spirituelle Bestimmung gefunden hat und sie leben kann. Dann wird er seine völlige körperliche Gesundheit wiedererlangen. Einen anderen Verlauf wird es nehmen, wenn dieses Krankheitsbild wiederum durch große Willensanstrengung ignoriert wird, was durchaus möglich ist. Dann wird die gesundheitliche Konsequenz sehr viel schlimmer sein.

Spirituelle Manifestation –Krebs

Über die Ursache von Krebs gibt es aus jedem Blickwinkel heraus ganz unterschiedliche Erklärungsversuche. Aus meiner Sichtweise der karmischen Ursachendiagnostik ist Krebs der letzte aufmerksame Hilferuf unseres Göttlichen Selbstes, das uns damit auf unsere Notwendigkeit zur Rückkehr in die Wirklichkeit erinnert, bevor wir auf immer in dem Rad des Karmas gefangen bleiben. Die Krebserkrankung ist für alle Rollenverkörperungen die wichtigste Mahnung, für den Heiler die letzte in der langen Reihe von Aufforderungen durch Krankheiten. Als Heilerverkörperung muss er seine Lebenskraft aus der Energie der Erde beziehen, weil er sonst das energetische Gleichgewicht verliert, das für die Gesamtharmonie von Körper, Geist und Seele verantwortlich ist und Gesundheit schafft. Wenn dieses Gleichgewicht so gestört ist, dass sich die Erdenergie über das Wurzelchakra nicht mehr im ganzen Energiehaushalt des Körpers verteilen kann, weil es auf Blockaden im Solarplexus trifft, richtet sich die Kraft in einem autoaggressiven Prozess gegen den eigenen Körper. Die Kraft der Erde arbeitet zerstörerisch gegen den eingesetzten Willen im Solarplexus, um das Gleichgewicht wieder herzustellen. Der egozentrierte Wille hat sich aber schon verselbständigt und kämpft dagegen. Dieser Kampf der gegenseitigen Kräfte zwischen natürlich genetischem Programm und egozentriertem Willen überträgt sich auf die Zellstruktur und es kommt zur Krebswucherung. Das passiert natürlich nicht sofort, sondern die Tendenz dazu kündigt sich durch eine Reihe von leichten Erkrankungen an, die alle vergeblich versucht haben, das energetische Gleichgewicht des Körpers wieder herzustellen.

23. Die Erlösung von Karma

Dazu will ich das Beispiel einer Krebserkrankung weiterführen. Eine Heilerverkörperung die an Krebs erkrankt, wird mit dieser Krankheit konfrontiert, weil sie einen mutierten egozentrierten Willen entwickelt hat, der das gesamte energetische Gleichgewicht ihres Körpers stört. An dieser Stelle beginnt die Elph-Therapie. Es wird primär nicht an der Heilung des Krebs gearbeitet, sondern an den Ursachen, die zu diesem aufgeblasenen Ego geführt haben. Dabei wird Schritt für Schritt der einzelne Energiekörper gereinigt und ausgeglichen, um auch schrittweise die karmischen Belastungen zu erkennen, sie in das Bewusstsein des Menschen zu bringen und ihn damit aus der Opferrolle herauszuholen, damit er seine Eigenverantwortlichkeit als Schöpfer seines Lebens zurück erhält und seine mentale, emotionale und physische Handlungsstruktur verändern kann. Es ist bei dieser Arbeit nicht notwendig, dass alte karmische Schmerzen und Situationen noch einmal erlebt werden, sondern es ist ausreichend, wenn sich das Bewusstsein bis in die spirituelle Ebene hinein verändert. So ist auch das Ziel bei dieser Therapie-Form nicht das Heilen des physischen Körpers, sondern die Veränderung des karmischen Programms, was für die letzte Symptomerkrankung, in diesem Fall der Krebs, verantwortlich ist.

Aus einer ganzheitlichen Sichtweise heraus, ist das Leben eines Menschen ein sehr kleiner Teil innerhalb eines ganzen Lebenszyklus und somit ist das Verlassen des physischen Körpers nur das Abstreifen eines Kleides, aber nicht der wirkliche Tod. Was aber durch die Elph-Therapie bewirkt werden kann, egal welche Sypmtomerkrankung vorliegt, ist das Erlösen des Menschen von seiner Angst vor dem Tod und das Wiedererlangen seiner Lebensfreude, mit der er das nächste Leben wieder beginnen kann, wenn die Selbstheilungskräfte für die Gesundung seines Körpers und die medizinische Technologie, die er natürlich ebenfalls genutzt hat, in diesem Leben nicht gereicht haben.

Warum wirkt die Elph-Therapie überhaupt? Wie geht das? Die Veränderungen der karmischen Programme werden im Spiritualkörper des Menschen vorgenommen. Das Elph-Programm, worauf die Frequenz der Energie eingestellt ist, befindet sich ebenfalls im Spiritualkörper der Erde, wo es 2003 von der göttlichen Mutter installiert wurde. Im Körpersystem eines jeden Menschen befindet sich im spirituellen Herzen ein Splitter aus dem Herz der göttlichen Quelle selbst, worauf diese Frequenz reagiert. Über diesen Splitter aus dem Herz der Herzen kann eine direkte Verbindung vom Seelenaspekt im menschlichen Körper zur schlafenden Gesamtseele hergestellt werden. Durch die Entlastung des Karmas durch die Elph-Therapie wird allmählich ein völliger Ausgleich erreicht und der Schlafende kann aus seinem Koma erwachen und sich bewusst mit dem Seelenaspekt im menschlichen Körper verbinden und den Mensch dadurch befreien. Für den Menschen hier auf der Erde bedeutet dies die Selbstverwirklichung für ein Leben in Frieden, Vertrauen, Freiheit, Reichtum, Freude, Schönheit und Weisheit mit einem reinen Bewusstsein aus Licht und Liebe. Ein Mensch, der im Gleichgewicht von Licht und Liebe lebt, wird dieses Bewusstsein auf sein äußeres Leben übertragen und die Welt kann wieder zu dem Paradies werden, was es einmal war und wofür es geschaffen wurde.

Alle Menschen sind aufgefordert, an diesem Projekt der göttlichen Mutter mitzuarbeiten und ihre Herzen zu öffnen für das Licht der Liebe aus der göttlichen Quelle.

Die Struktur der 11 Ebenen mit zwei Quellebenen und neun Spielebenen

Wesenheit	Energie	Dimension	Fähigkeit	Aufgabe	Planet	Ebene
Muttergöttin	Seele	Quellwirklichkeit	Schöpfen	Herrschen	Mond	Elph
Gottvater	Geist	Quellwahrheit	Beseelen	Befehlen	Sonne	Zehn
Gottvater	Licht	Mentale Lichtebene	Denken	Sein	Saturn	Neun
Muttergöttin	Liebe	Emotionale Lichtebene	Fühlen	Werden	Jupiter	Acht
Luciael	Wille	Astrale Lichtebene	Unterscheiden	Bewahren	Neptun	Sieben
Baael	Macht	Physische Lichtebene	Erfahren	Verändern	Uranus	Sechs
Sandalphon	Wandlung	Spirituelle Gesamtebene	Vergeben	Vollenden	Pluto	Fünf
Raphael	Heilung	Physische Körperebene	Ausgleichen	Erlösen	Erde	Vier
Michael	Wissen	Astrale Körperebene	Vergleichen	Schützen	Merkur	Drei
Gabriel	Vision	Emotionale Körperebene	Empfangen	Vermehren	Venus	Zwei
Uriel	Inspiration	Mentale Körperebene	Senden	Gehorchen	Mars	Eins

Die Struktur der Erde

Verkörperung	Prinzip	Herausforderung	Ausgleich	Erdteil	Chakra	Farbe
Mann	Licht	Wille	Gehorchen	Erdoberfläche	Lichtchakra	Weiß
GelehrteR	Weisheit	Zweifel	Glauben	Atlantis	Kronenchakra	Violett
HerrscherIn	Freude	Wollust	Hingabe	Europa	Stirnchakra	Blau
KünstlerIn	Freiheit	Geiz	Geduld	Asien	Kehlchakra	Türkis
PriesterIn	Frieden	Wut	Vergebung	Afrika	Herzchakra	Magenta
KämpferIn	Vertrauen	Stolz	Mut	Lemurien	Solarplexus	Gelb
PrinzEssin	Reichtum	Gier	Dankbarkeit	Amerika	Sakralchakra	Orange
HeilerIn	Schönheit	Neid	Respekt	Australien	Wurzelchakra	Rot
Frau	Liebe	Macht	Dienen	Erdkern	Erdchakra	Schwarz

Von Elphriede
ist ein weiteres Buch erschienen
„Das Licht der Göttin"
erhältlich über den Buchhandel
unter der ISBN-Nr. 3-00-018437-6
oder über
www.elph-centrum.com.